Internet
Policy
Handbook
for Libraries

インターネット ● ポリシー ● ハンドブック
図書館で利用者に提供するとき考えるべきこと

マーク・スミス

著

監訳　根本彰
翻訳　戸田あきら
　　　清水悦子
　　　竹内ひとみ
　　　森智彦
　　　吉間仁子

日本図書館協会
2003

Internet Policy Handbook for Libraries
by Mark Smith

Copyright © 1999 by Mark Smith

All rights reserved, Reproduction of this book, in whole or in part,
excepting worksheets, without written permission of the publisher is prohibited.

Japanese translation rights arranged
with Neal-Schuman Publishers, Inc., New York
through Tuttle-Mori Agency, Inc., Tokyo

インターネット・ポリシー・ハンドブック ： 図書館で利用者に提供するとき考えるべきこと ／ マーク・スミス著 ； 戸田あきら [ほか] 訳 ； 根本彰監訳. ― 東京 ： 日本図書館協会, 2003. ― 221p ； 21cm. ― Internet policy handbook for libraries の翻訳. ― ISBN4-8204-0300-1

t1. インターネット ポリシー ハンドブック a1. スミス, マーク (Smith, Mark) a2. トダ, アキラ a3. ネモト, アキラ s1. 図書館経営 s2. インターネット ①013

インターネット・ポリシー・ハンドブック
図書館で利用者に提供するとき考えるべきこと―――――――― 目　次

　　監訳者の序文　*3*
　　はじめに　*7*
　　謝辞　*10*

第1章　運用方針を作るプロセス　　　　　　　　　　　　　　　*11*
　　いつ方針を起案し採択するか？　*11*
　　運用方針には何を盛り込むべきか？　*12*
　　運用方針を起案し策定するのは誰か？　*15*
　　運用方針とマニュアルの違い　*17*
　　インターネット運用方針を市民にどのように知らせるべきか？　*18*
　　結論　*20*

第2章　インターネットと図書館の使命を結びつける　　　　　　　*21*
　　図書館のインターネット運用方針は
　　　図書館の使命をどうやって反映できるか？　*22*
　　運用方針はどのような価値観を明らかにすべきか？　*25*

第3章　機器の配置と利用条件　　　　　　　　　　　　　　　　*35*
　　戦略的な配置はどのように運営方針の実現につながるか？　*35*
　　誰がインターネットを使えるか？　*42*
　　利用時間の予約方針をどのように導入するか？　*45*
　　特殊な利用方法が大学図書館に与える影響　*48*
　　年齢制限　*51*
　　同意書は有用か？　*55*

第4章　許容される利用とは　　　　　　　　　　　　　　　　　*59*
　　許容される利用とは何か？　*60*
　　図書館はインターネット上の情報にアクセスすることを制限できるか？　*62*
　　インターネットの双方向サービスは許容できるか？　*63*

図書館は電子メールサービスを提供すべきか？　　66
　　　telnetの利用は容認できるか？　　68
　　　図書館のインターネット接続は商取引のために利用できるか？　　69
　　　ファイル、ディスク、ディレクトリアクセスについて　　70
　　　利用方針をどのように成文化するか？　　74

第5章　禁止事項と違反に対するペナルティ　　83
　　　図書館はどのような利用を禁止するか？　　84
　　　利用規則に利用者のサインをさせるべきか？　　92
　　　禁止された行為を行った場合の結果　　92
　　　運用方針の中での禁止事項の位置づけ　　93

第6章　フィルタリングに関する検討　　103
　　　フィルタリングについての決定にあたっては、何を検討すべきか？　　104
　　　フィルタリングと選書の違いは何か？　　108
　　　どういう選択肢があるか？　　109
　　　フィルタソフトはどのように機能するか？　　112
　　　フィルタリングに代わるものは？　　116
　　　運用方針上のフィルタリングに関する表現　　121
　　　現実社会の中ではフィルタリング方針はどのように機能するか？　　122

第7章　ガイド付き利用と図書館の運用方針　　133
　　　図書館の運用方針はガイド付き利用に影響を与えるか？　　134
　　　図書館はどのようなガイダンスを行うのか？　　137

第8章　ホームページ作成に関する運用方針　　149
　　　Web発信に関する運用方針に盛り込むべき内容　　150

第9章　次のステップ：運用方針を書き終えたあと　　169

付　録　インターネット運用方針の例　　173
　　　カーネギー・スタウト公共図書館　　174　　　ペンシルバニア大学　　185
　　　スポーケン公共図書館　　175　　　ホリークロス大学　　194
　　　ヒューストン公共図書館　　178　　　アルパイン学区　　202
　　　ジャービス公共図書館　　182　　　コミュニティ・ハイスクール　　206

　訳者あとがき　　211
　索引　　216

監訳者の序文

　インターネットを中心とするデジタル情報技術の急速な展開に対する期待は一時期ITバブルを呼ぶまでに過熱したが、そのバブルがはじけてからは落ち着いたように見える。しかし、この技術が社会のさまざまな局面に大きな影響を与えることは間違いない。とくに、歴史的にみてもかなり早くから情報技術を集積してきたともいえる図書館という場において、その影響が大きいことはだれもが認めることである。
　インターネットは新しい通信技術を用いたまったく新しいメディアである。従来、図書館が扱ってきたメディアは、一定の資本と実績を背景に出版活動を行ったパッケージ化された資料であり、これをモノとして扱うことを中心活動としてきた。それに対し、インターネットは、その分散性、仮想性、即時性、双方向性、マルチメディア性などの新しい要素を兼ね備えている。これらの特徴に図書館が対処するには、しっかりとした図書館の運営方針に加えて新しいルールへの取り組みが必要である。

*　　*　　*

　本書の翻訳者グループから監訳を引き受けてくれないかという依頼があったのは、2001年の春のことであった。私自身いろいろな仕事を抱えているところだったので相当のためらいがあった。しかし、原書に目をとおして、日本の図書館関係者が今必要としている本はこれだと思い、最終的にお引き受けすることにした。というのは、次のような体験をもっており、本書が役に立つことがはっきりと認識されたからである。
　私は1994年の春にアトランタで開かれたアメリカ図書館協会公共図書館部会（Public Library Association）の大会に出席した。行く前は予想もしていなかったことだったが、そのときの話題の中心が公共図書館でインターネットをどのように使うのかということであった。日本ではインターネットはまだ一部の理工系の研究者のみがアクセスできる通信手段にすぎず、一般的にはほとんど知られていなかった時期である。
　これはたいへんなものがやってくると思い、帰国後すぐに自分の研究室

のパソコンを大学のネットワークにつなぎ電子メールを使うことから始めた。最初は日本語をうまく表示できず、研究者仲間（日本人）と英語で通信したことも今となっては懐かしい思い出である。当時インターネットの通信プロトコルはメール以外にも telnet、ftp、gopher、WAIS、NetNews など多様なものが使われていたが、その後まもなく一般的に使われるのは World Wide Web に集中していくようになったのは周知のとおりである。

　このとき、単なる利用者になるだけでなく、インターネットの特性を実体験するにはサーバを立ち上げて情報発信するほかないと判断した。そうして、1995 年に現在の勤め先に移ったときに、研究室の Macintosh を Web サーバにして情報発信を始めた。文科系の研究者の情報発信は当時少なかったし、ましてサーバの自己開発は珍しい例だったろうと思う。その後サーバ OS を Linux に変更して安定性を確保し、取り組んでいた「公共図書館電子化プロジェクト」の研究成果を発信することを試みた。このプロジェクトでは現場の公共図書館員との共同研究を行い、図書館に導入する際にどのような現実的な問題があるかを知ることができた。

　だが、最近、ホームページを私個人のサーバから研究室全体のサーバに移行することにした。これは何度かセキュリティ上の問題が発生して、とても個人で管理することは無理な状況になっていることがわかったからである。

　このような経験を積んだ上であらためて思うのは、インターネットと付き合うには図書館員のもっている知識や技能に加えてさまざまな技術的知識を動員する必要があること、そして、他のメディアと異なった特性を生かすための運営上のノウハウが必要であるということである。このうち、前者については図書館パッケージソフトの対応が行われ、それぞれの図書館での経験の蓄積と実践事例の交換も少しずつ行われつつある。しかし、後者の運営上のノウハウについてはいまだ試行錯誤の状況で、十分な議論を行うに至っていない段階ではないだろうか。

＊　＊　＊

　なぜなのか。それはおそらく日本の図書館がインターネットの導入以前の問題として、図書館運営の主体性を十分に確保できないでいることが多いからであろう。定型的な業務を処理することに精一杯で、サービ

スの根幹を揺るがしかねない新しいデジタル環境にうまく対応できずにいるからである。

その意味で、インターネット導入の運営上の問題について、わが国に数年先んじて取り組みを始めたアメリカの図書館の実践事例が役にたつのは当然であるが、それは単に先行しているからという理由だけではない。アメリカの図書館は専門職体制がしっかりしており、情報資源としてのインターネットをライブラリアンシップのコンテクストにしっかり位置づけた議論を展開しているからである。

本書は、インターネットを図書館サービスのなかに本格的に導入する際のさまざまな実務的な問題点を整理し、それに対処した事例をていねいに紹介している本である。アメリカの図書館における経験が豊富に反映されたきわめて実践的なハンドブックとなっている。専門職の組織として確固とした意思決定をどのように行い、図書館としての独自の判断をどのように行っているのかについて知ることは、わが国の図書館員にたいへん参考になるだろう。

本書の監訳をお引き受けしたのは、このように本書が館種を問わず日本の図書館の運営にすぐに役に立つしっかりした内容をもつからであるにほかならない。

翻訳作業について言えば、全体の読みやすさと用語の統一に配慮して手を入れた。最初の訳稿のできがよかったので、それほど苦労することなく全体を見ることができた。しかし、私の都合で訳稿を見るのに思った以上の時間がかかってしまったことについては、翻訳者グループのかたがたに申し訳なく思っている。特に、戸田あきら氏と清水悦子氏には監訳作業上大いにご協力いただいたことに感謝申し上げたい。

最後に、本書は90年代末の状況に基づいた説明を行っていて、現在のアメリカの図書館では少しく変化が生じているものと思われるが、日米間でタイムラグをともなっているので、現在の日本の図書館にむしろよくあてはまっているものと考えている。蛇足ながら付け加えておきたい。

根本　彰

＊印は訳注を示す。

はじめに

　2000年までにはインターネットの出現によって図書館は時代遅れになってしまうのではないか、と図書館員や図書館支援者が議論していたのはつい最近のことである。しかし、結局のところ、アメリカ図書館史の重要な1ページを飾ることになったこの問題において、インターネットは図書館にとってプラスになることがわかったし、さらに、我々図書館専門職および図書館は実質的に強化されることになり新たな敬意を獲得することにつながった。地方、州、国レベルの政策決定者——そして多くの一般市民も——は、電子的にネットワーク化された情報利用における図書館の役割、果たすべき非常に重要な役割を認識し、これまでにない規模の執行予算の計上、州や連邦の補助金、通信費用の割引によってこの認識を実行に移した。全国の学校、大学、公共図書館をネットワークに接続しようという大規模な取り組みにより、どんな図書館でもインターネット接続を求めれば実際に接続できるという状況となっている。

　しかし、この成功にも負の側面があった。インターネットに接続した図書館はどこでもこのメディアが他のものとは異なっていることに気づいた。インターネットは図書館に、特有の、時として非常に厄介な新たな問題をもたらした。この種の問題の中では、インターネット上には性的に露出度の高い資料が非常に多いということが最も広く（時にはセンセーショナルに）知られているが、図書館にインターネットを導入することに伴う問題は、決してそれだけではない。誰が、どのような条件で、どのような目的で、そしてどのような利用制限の下でインターネットを利用するかを決定することは、図書館管理者に重大なリスクをもたらし、フィルタリング問題と同じくらいの論争を招くおそれがあるのである。健全な利用に関する運用方針を作成することは、利用者と職員の関係を明確化し、運営の意図を確定し、図書館のマニュアルが依拠する基礎を築くことになる。

本書は、図書館運営者——公共、学校、大学図書館の館長および各部門の責任者——が、公開の場に置かれたインターネット利用の管理に特有の、多くの複雑な決定を下す際に手引となることを意図したものである。本書は、インターネット運用方針に関して考え得る各要素を系統的に示す。また、決定のポイントにおいて可能な選択肢について述べる。あらゆる方針の決定はそれを選択しない場合の検討を伴うものである。そのため本書では、各選択肢の肯定的な影響と否定的な影響の両方をできるだけ明らかにした。

　第1章および第2章では、図書館における運用方針策定の一般的原則を簡単に述べる。その原則とは、すなわち図書館の使命を反映させた方針の重要性、方針を作成するべき時期、内容に含めるべきことがら、携わるべき関係者、である。第3章は、検討すべき物理的な要素の中で基本的なものおよびその提供方法について検討する。すなわち、コンピュータ（PC）の配置、セキュリティ、プライバシースクリーンの設置であり、さらに、申込用紙、時間制限、パスワードによるアクセスなどの利用手順、さらに誰がどのマシンをどのくらいの時間どのような条件で利用しているかを管理するための方法についても扱う。第4章および第5章は、許容できる利用と禁止事項について検討する。これはインターネットの核心である。まず第4章で、許容できる事項の指標を明確にし、続いて第5章で禁止事項と違反への対処を扱う。第6章は、フィルタリング論争を取り上げる。この難しい問題の両側面、図書館はこれをどう扱っているか、フィルタ使用および不使用、両方の混在に対する賛成論と反対論を明らかにする。インターネットのフィルタリング問題に関してさらに広く扱った資料が必要な場合はカレン・シュナイダー著『インターネット・フィルタの実践的ガイド』[*]を参照されたい。第7章は、図書館におけるインターネット利用教育をどうするかを扱い、最後に第8章では、図書館サーバにWebページを創設するときの運用方針を論ずる。

　各章の中で、いくつかの方針を引用したり、そのまま再録したりしている。これらの方針の多くは図書館のWebサイトを通じて入手できるもので、そのWebアドレス（URL）は、参照事項に記載されているとおりである。さらにより多くの運用方針を紹介するために、付録に様々な方針文書を掲載した。

はじめに

　本書は、一つの方針を他より優れたものとして薦めることはしない。なぜなら、方針はその多くの部分が、地域の条件に対応してその図書館が決定すべきものだからである。むしろ本書は、図書館がインターネット利用を管理するのに用いている様々な方針を収集し分析する。本書は、図書館管理者が必要とする情報の大部分がカバーできるように作られている。一方、インターネット運用方針の実行には、その多くの側面で法的な問題、特に憲法修正第１条で保障された権利に関連する要素が多く含まれていることを忘れてはならない。運用方針を実行する上で、運営者は様々な技術的アドバイスや法的アドバイスを必要とするだろう。技術的および法的問題についてのさらなるアドバイスが必要な場合、運営者には、本書のような出版資料だけでなく内部および外部の専門家を探すことをお勧めしたい。

　不幸なことに、インターネット上の資料をめぐってのヒステリックな論争の結果、多くの図書館管理者にとって、自館の運用方針は、自分の個人的信条や専門職としての最良の判断さえも反映されていないという場合がある。それは、図書館長でさえも方針策定に影響を及ぼす人々のうちの１人に過ぎないためである。図書館理事会、市議会、教育委員会、大学当局、市民、他の職員の圧力に直面し、図書館管理者は運用方針に関する難しい選択を迫られる。このような場合は、まずインターネット運用方針策定過程の全体の枠組みについての理解を得、次にそれぞれの選択肢の意味をはっきり説明することが成功への道であろう。本書は、まさにそのような理解と説明に役立つガイドとなることを意図したものである。

---

*　A practical guide to Internet filters / Karen G. Schneider. – New York : Neal-Schuman Publishers, c1997.

謝辞

　この本を書くにあたってたくさんの助言と励ましを与えてくれた多くの図書館員に心から感謝する。特に本書の中で引用した運用方針を提供してくれた多くの図書館および他の機関の責任者、インターネットという難しい問題に取り組んだすべての図書館員に特別の感謝をささげる。皆さん方の努力が、後に続く我々の取り組みを容易なものにしてくれていた。

　この仕事のために多くの友人、同僚が時間と専門的知識をさいてくれた。特に、テキサス州図書館文書館委員会（Texas State Library and Archives Commission）のクリスティン・ピーターソンおよびニュージャージー州ベルゲン・カウンティ共同図書館システム（Bergen County Cooperative Library System）のロバート・ホワイトには、草稿に対して貴重なアドバイスをいただいた。同様に、「司書のための司書」というべきアン・ラモスは、調査の過程で明るく気持ちのよい援助を提供してくれた。また、私の上司であるテキサス州図書館協会（Texas Library Association）の事務局長パトリシア・スミスには、特別の感謝をささげる。彼女はこの本を書くのを励まし、滞りがちの私の仕事振りに刺激を与え続けてくれた。また、編集者であるチャールズ・ハーモンにはすばらしい示唆に対し、アメリカ図書館協会（American Library Association）のドン・ウッドには、最近の運用方針の急激な変化や充実を伝え続けてくれたことに対し特別の感謝をささげる。

　私は、この本を書くために何日も夜も昼も仕事に貼り付きっぱなしだった。最後に、それに耐えてくれた私の妻キャサリンと息子ピーターに感謝をささげる。

第1章 運用方針を作るプロセス

　特定の分野に関し図書館の運用方針を作る際、最初にすべきことは、方針策定までのプロセスを概括することである。プロセスはたいへん重要であり、私たちはこのプロセスができる限りスムーズに機能するように努めなければならない。

いつ方針を起案し採択するか？

　一般的に、サービスが導入される前に運用方針が起案されるのが望ましいことは、いうまでもない。しかし残念なことに、そんなことは図書館ではめったに味わうことができない贅沢である。例えば、コレクション形成に関する運用方針などは、ほとんど常に、その方針に先行して実務が行われている。しかし、インターネットのような新しいサービスについては、サービスを導入する前に、運用方針を策定できる可能性がある。

　市民にインターネットへのアクセスを提供する前に、インターネットに関する運用方針を作ることには、いくつかの利点がある。第一に、新しいサービスの導入に職員全員をかかわらせることができるということである。自分たちが実施するサービスの方針作りの全体にわたって、自分たち自身で協力することによって、その導入に関する不安を軽減することができる。第二に、このサービスが図書館計画の中にどのように組み込まれるか、そのサービスを市民にどのような条

件で提供することになるのか、またどのように他の図書館サービスや活動と統合し関連させるかを、厳密に考えることができる。最後に、そしておそらくこれが最も大切なことだと思われるが、図書館の目標および実現すべき価値を反映した運用方針策定の時間を確保できる。

サービスが導入された後に起案された運用方針は、図書館の組織としての実現目標だけでなく、それまでにぶつかった様々な問題にも引きずられがちである。また、職員も市民も導入された経過に基づき、既にサービスを利用する方法を編み出しているだろう。その場合、全員が新しい規則を受け入れなければならないということになる。だからといって、新しい運用方針を作ったりふさわしくない運用方針を見直したりすることが妨げられてはならない。遅れて作られても、運用方針がないよりははるかに望ましい。運用方針がない場合、結局は、職員がその場しのぎの方針を作ることになり、常に困難な状況が起きるからである。図書館の運用方針が公平に実施されないと、利用者に不満を抱かせ、結果的に訴訟を引き起こすこともある。

運用方針には何を盛り込むべきか？

一般に運用方針というものは——特にインターネット運用方針の場合はそうであるが——複雑にも単純にも、包括的にも選択的にもなりうるものである。多くのインターネット運用方針は5ページから10ページ程度の分量のものであるが、中には番号をふった節（第1節、第2節というような）で構成されているものもある。また、カリフォルニア州バークレー公共図書館（Berkeley Public Library）の運用方針のように簡潔なものもある。

　　　技術の進歩とコミュニティのニーズの変化に応えて、バークレー公共図書館は、蔵書、情報資源、サービスを、バークレーの多様で多文化的な文化、情報、レクリエーション、教育上のニーズに適合させるよう努める。
　　　バークレー公共図書館は、インターネット経由でアクセスされた情報につ

いて、監視も制限もしない。またその内容について責任は負わない。他の図書館資料と同様、児童のインターネット利用を制限するのは、親または法的保護者の責任である。

　つまりこれは、図書館の使命のくり返しであり、図書館はフィルタリングをしないということの宣言である。またインターネット上で利用者が出くわすかもしれないことについての免責を主張したものである。
　おそらく、自館の運用方針を作るにあたって下さなければならない最も難しい判断は、何を盛り込むか、何を省くかということだろう。本書は、運用方針に盛り込むことが可能なほとんどの事項、それを盛り込む理由、そしてある特定の運用方針を採用した場合生じる可能性のある結果を論じている。しかし本書の役割は、方針に何を盛り込むべきか、何を省くべきかを示すことではない。それは、多くの要因に影響されるものであり、純粋に個別の図書館で判断すべき問題である。とはいえ次の6つの質問は、自館の運用方針の範囲および内容を設定する際、役に立つであろう。

図書館の館種は何か？
　これはこっけいなほど単純な質問に見えるかもしれない。が、館種が決まることにより多くの要素が不要になる。例えば、多くの学校図書館員は目的について大して疑問を抱かないだろう。なぜなら、幼稚園から高校までの図書館の全体的な目的は、カリキュラム支援に向けられているからである。同様に大学図書館員は子どもがインターネット用PCを使うことをどうやって防げばよいかなど、普通考える必要がない。たいていの場合、子どもはめったにその図書館には来ないからだ。しかし、大学図書館では、学生、教員、職員が図書館のサーバで作成し維持するWebページの内容について、ガイドラインを熟考する必要がある。だが、この問題は公共図書館や学校の環境では、あまり起こらない。

図書館の運用方針はどの程度既に規定されているか？

　図書館のインターネット運用方針のうちいくつかの要素は、既に親機関の方針でカバーされているかもしれない。例えば、全市的なコンピュータ処理に関する運用方針で、利用者が図書館のコンピュータで自分のソフトウェアを使うことを禁じているかもしれない。この場合、図書館がこの運用方針をくり返す必要はない。また、コンピュータの設定により telnet プロンプト* が使えないように設定してあれば、telnet が使えるかどうかを述べる必要はないのである。

図書館の使命は？

　公式および非公式に図書館の役割設定に取り組んできた公共図書館にとって、このことは特に重要である。ビジネス関係のレファレンスや職探しに重点をおいてきた図書館のインターネット運用方針は、児童・青少年を重視する図書館のものとはいくらか違う要素をもつだろう（インターネット運用方針策定における図書館の使命の影響については、第2章で詳しく扱う）。

コミュニティの性格は？

　サービス対象のコミュニティは政治的に保守的か、それともリベラルか？　若い家族が集まっているか、それとも年輩の退職者が大きな割合を占めているか？　田舎に位置するか、都市近郊にあるか？　コミュニティの性格は、図書館におけるすべての運用方針と同様インターネット運用方針の内容を左右する。

図書館委員会、指導主事、大学執行部の関心事は何か？

　彼らは慎重か、大胆か？　彼らはリスクに寛容か？　彼らは憲法修正第1条に明確な見解を表明しているか？　彼らは、図書館の強力な擁護者か？　異議申立てがあったとき図書館を支援してくれるか？　これらの質問に答えられるのは、個々の方針策定者のみである。図書館の管理機関と図書館との間の、信頼度、擁護姿勢、政治的影響力、リスクに対する寛容さが、運用方針の深さ、広さ、範囲を決定する。

他の運用方針は既に実施されているか？

　図書館で既に採用されている運用方針は、インターネット運用方針に盛り込むべき事項に影響を与える。コレクション形成に関する運用方針、読書の自由に関する運用方針、課金に関する運用方針は、その図書館の枠組みの一部であり、インターネット運用方針に何を盛り込むべきかを決定づける。

運用方針を起案し策定するのは誰か？

　地域、学区、キャンパスによっては、コミュニティ全体が上質の運用方針策定に参画し、そしてその運用方針は賢明で実効あるものになることがある。しかし、それは一般的ではない。図書館の運用方針は、一般的に図書館運営者と図書館の活動を監督している委員会によって書かれる。図書館の運営は、何が技術的に可能で何が政治的に妥当で何が専門職としての倫理にかなっているかを理解しているという条件を満たした（と期待される）がゆえに雇用された職員により行われている。一方、図書館委員会——運用方針策定にあたって重要なパートナー——は、図書館職員の業務を監督すると同時に、図書館の働きという面でコミュニティ全体を代表するために任命されている。二者が、お互いに協力して、コミュニティの要請と技術的条件に応じた運用方針を策定しなければならない。

　このことは、市民がこのプロセスから排除されるべきだということを意味するのだろうか？　絶対に「否」である。最も効果的で有用な図書館の運用方針は、コミュニティと相談しながら策定されるのである。運用方針策定における市民の関与を保障する方法は数多く存在する。公開の場での住民集会、図書館のWebページまたは印刷媒体での草案公表、助言を行う市民団体活用など。これらはすべて効果的であり、何らかの形による市民の検討は不可欠である。しかし最終的には、図書館職員が主体となり、図書館委員会と直接相談しながら運用方針を起

---

* telnetとは、TCP/IP上のアプリケーションの一つで手元のコンピュータを別のコンピュータの仮想端末にするプロトコルのこと。telnetプロンプトはその機能が使える状態にあることを示す。

案しなければならないのである。

　問題を複雑化することではあるが、他にもかかわるべき主体がある。それは、図書館の設置機関、すなわち図書館の活動を管理する委員会や機関であり、例えば市議会、教育委員会、大学部局長委員会、カウンティの長官などである。策定した運用方針に対してこれらの機関からの支持を得たいのであれば、このような意思決定権者が最初から検討に加わっていなければならない。

　運用方針を市長や議会があらかじめ公的に承認してくれたとしても、方針に異議が申し立てられた時、必ずしも彼らが支持してくれるわけではない。しかし、異議や論争が公になったときに、気まずい逆転劇が避けられるかもしれない。このことはインターネットのフィルタリングに関する運用方針のような微妙な問題の場合、特に重要である。

　運用方針の承認を確実にするための公的な道筋がない場合もある。例えば、市議会が各部局の運用方針を公式に承認しない市などである。しかし、そのような状況でも、監督部局に対して運用方針の内容を知らせておく方が賢明である。市やカウンティの高官の中でも、市管理者、市長、議会、顧問弁護士には、知らせておくべきである。顧問弁護士は、インターネット運用方針が法的に異議を申し立てられる可能性があることから、特に重要である。市やカウンティの弁護士に運用方針を守ってもらいたければ、彼らを策定の段階から巻き込んでおくことを強くお勧めする。

　学校図書館や大学図書館でも同じことが言える。もっともそれらの図書館では親機関の承認なしに運用方針を採用することはありえないが……。

　したがって、運用方針を計画し採用するにあたってモデルとなるのは、図書館運営者と管理当局がかかわり、それにコミュニティからの意見を取り入れるという形である。図1–1に示したようになるだろう。運用方針策定は循環型のプロセスであり、継続的に吟味し改定できる場合に最も効果が高い。図書館におけるインターネット運用方針は、技術の発展やコミュニティの反応によって、絶えず改定や修正をくり返さなければならないことが、初期の経験からわかっている。本書では、その具体的な例を、特にどんな機能（HTTPやtelnetなど）が使えるか

図1-1　運用方針の計画と採択のモデル

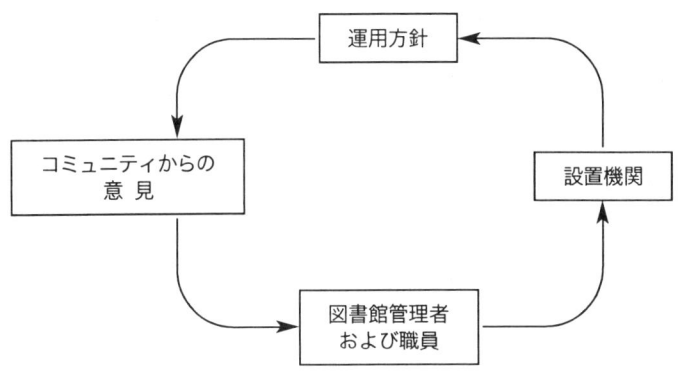

ということやフィルタリングをどう扱うべきかということについて検討する。

運用方針とマニュアルの違い

　運用方針とマニュアルは組織を管理するのに必要な二本の柱である。しかし、両者はどのように違い、どのように関連するのか？　ここは混乱を招くポイントである。運用方針は、図書館サービスの基準について述べたもので、図書館がどのようにコミュニティに情報資源を提供するのかを定義したものである。マニュアルは、その運用方針を実行に移すための手引である。運用方針はほとんどの場合、市民に配るために作られるが、マニュアルはほとんどの場合、職員だけが使う。

　図書館管理者は、運用方針がマニュアルになってしまわないよう常に気をつけなければならない。そして運用方針を書くときは、運用方針をどのようにマニュアル化するかを、常に考えておかねばならない。運用方針策定者は、自分が作ろうとしている規則は実行することができるか、どうやって実行するかを、問い続けるべきである。規則が実行できなかったり、職員の解釈の余地があまりにも大

きかったりする規則は有効でない。第一線の職員が、公正に、あいまいさなしに適用できるようでなければならない。運用方針によって、彼らの仕事が難しくなるのではなく、やりやすくならなければならない。あいまいな解釈ができる運用方針は、職員と利用者とのトラブルを招き、結局は実行されないか、もしくは、状況によって異なった対応を強いてしまう。こうして災難が起きるというわけだ。

　最高の運用方針とは、職員にとって実際的で役に立つマニュアルを作るにあたり、しっかりした土台を築くものである。これは、職員には運用方針を実行する権限がない、ということではない。というより、職員の権限は職員と図書館運営が共にしっくりいくような運営基準を示すことで描かれるべきなのである。違う職員が違う状況下で異なった対応をすることは、与えられた判断の権限の内にある。

　具体的な運用方針に焦点が移っていくに従い、本書では特定の運用方針にかかわる手順的な意味合いを検討し、多様な解釈の余地を残す運用方針を指摘することにしよう。が、いずれにせよ、それぞれの自館の環境において、ある運用方針がどのように実行されるか自分自身で考えなければならないのである。

インターネット運用方針を市民にどのように知らせるべきか？

　市民に運用方針をどうやって知らせるか、どうやって周知し広く使われるようにするかということは、図書館の運用方針に関して古くから問われてきた問題である。幸い今日では、図書館員は運用方針を知らせるかどうかについてはもはや議論はしない。運用方針は広く使われなければ意味がない、ということは理解されたようだ。問題は、どのようにして市民に知らしめるか、である。

　図書館は、次のようなよく使う方法をすべて使って市民に伝えることができる。図書館の掲示板、リクエストがあったときや新規登録者に配るプリント、カウンターに置いておく運用方針文書、利用カードの裏に印刷しておく手もある。しかし、インターネットが別の手段を提供することも憶えておこう。既に図書館

の自前のWebページがあるなら、そこに図書館の運用方針を掲載することは実に簡単なことだとわかるだろう。そうすれば、そのコミュニティの利用者だけでなく、インターネットにアクセスできる人なら誰でも、どこに住んでいる人でも見ることができる。実は、これによって図書館の管理者にとって幸運な状況が生まれる。すなわち、全国のたくさんの図書館が作った運用方針を見て、他の図書館では同様の問題についてどのように述べているかを知り、自分の運用方針に他から好きな言い回しを借りることさえできるのである。

図書館のインターネット運用方針を集めたサイトが数多くある。公共図書館にとって最高のものは――本書のための調査でも最もよく使ったものであるが――、オレゴン州レイク・オスウェゴ公共図書館（Lake Oswego Public Library）のディビッド・バート（David Burt）が作り維持しているアーカイブ（http://www.ci.oswego.or.us/library/poli.htm）である。彼のサイトには、図書館の規模別にまとめた運用方針が掲載されており、そればかりでなく、それらの運用方針の様々な要素についての彼の分析が掲載されている。例えばどの位の図書館がある要素を運用方針に取り入れているか、などである。

大学図書館の運用方針に関する優れたオンライン情報としては、EDUCAUSE[*]のサイト（http://www.educause.edu/ir/library/master_subjects_1.html）が挙げられる。他にもたくさんのサイトがあるが、これほど完璧ではない。ライス大学（Rice University）は学校に関する運用方針とそれの関連文書を掲載している（gopher://riceinfo.rice.edu:1170/11/More/Acceptable）。しかし、若干時代遅れになっている。リーハイ大学（Lehigh University）のサーバにステイシー・キメル（Stacey Kimmel）が掲載しているサイトは、世界中から多くの大学図書館のWWW運用方針を集めたものだ（http://www.lehigh.edu/~sek2/wwwpols.html）。Webの運用方針に関しては優れたサイトだが、インターネットの運用方針に関しては少ししか含まれていない。オハイオ州立図書館（Ohio State Library）は、州内の公共図書館および学

---

[*] 情報技術の利用促進により高等教育の発展をめざす米国の大学、関連教育機関、企業による非営利団体。研究研修活動、出版（電子出版も含む）、戦略的政策の策定、調査、先進的な活動の表彰、オンライン情報サービスなどを行っている。

校図書館のリストを http://winslo.ohio.gov/libaccep.html＊に掲載している。

　大変な労力が必要になるが、学校図書館、大学図書館、特に公共図書館のインターネット利用方針を、個々のサイトを見に行って見つけることも可能である。このような利用可能な情報源は、運用方針策定の助けとなるだろう。実際、本書で参照する運用方針の多くは、その図書館のWebページで手に入れたものである。本書に引用した運用方針のうちインターネット経由でアクセスできるものについては、各章末にURLを載せておいた。

結　論

　運用方針は過程であって終着点ではない。最も成功した運用方針とは、管理者、職員、ときには市民もが、進化し変化する有機的文書だと見なしているものである。インターネット運用方針も同様であり、図書館の運用方針策定に適用される原則は、インターネット運用方針策定においても指針となるだろう。図書館職員と市民が率先して、その進化の中で運用方針を形作るよう奨励されなければならない。なぜなら、彼らこそが、運用方針と最も密接に暮らすことになるからである。

　＊　http://www.oplin.lib.oh.us/products/tal/ に変更されたと思われる（last access 2003/03/29）。

第2章 インターネットと図書館の使命を結びつける

　インターネット運用方針を起案する前に、昔ながらの質問に答えなければならない。「なぜインターネットを提供するのか？」 図書館をインターネットに接続しようという大騒ぎの真っ最中に、ふと立ち止まってこのことについて考えてみてもいいだろう。
　図書館にインターネットを導入する理由は、たくさんある。しかし、運用方針の策定について言えば、その理由は図書館の使命と関連していなければならない。明文化された使命が図書館にない場合は、インターネット運用方針の起案に伴う問題を解決するために、それを作らなければならない。使命を明文化することには、多くの利点がある。例えば次のようなことだ。

・図書館の経営組織としての価値観がはっきりする
・図書館に関する運用方針やマニュアルを作るための土台ができる
・アクセスと利用についての基本的な原則を、図書館の運営にかかわるすべての関係者の間で確実に共有できる

　学校図書館や大学図書館が使命を明文化すると、親機関の教育的な目標やカリキュラムに合わせた目標を支援するというような、月並みなものになりがちである。公共図書館は、図書館の使命として、地域性を反映した役割に重点をおく。

そのため、地域の人口構成や性格によって大きく変わる。画期的な出版物であった『公共図書館の計画と役割設定』以来、公共図書館はサービスの優先順位を決めて、コミュニティにとって最も重要なサービスに職員が集中できるようにしてきた。役割設定によって、ある図書館ではレファレンスや情報サービスに力を入れ、別の図書館では児童サービスがいちばん大事だと決め、また別の図書館では楽しみとしての読書に重点をおく、ということができるようになった。最近、前掲書が「見直さ」れ、最初の改訂版である『結果を生むための計画：公共図書館が変化するプロセス』が刊行された。そこでも、図書館のサービス対象のコミュニティと関連づけて目的を明らかにするという基本的な前提は変わっていない。使命を明文化するのは、公共図書館が自館の役割を述べるのに絶好の機会である。これはインターネット方針にもあてはまるだろうか？

図書館のインターネット運用方針は図書館の使命をどうやって反映できるか？

多くの図書館がインターネット運用方針の第１項で、図書館の使命を宣言し、インターネットを図書館に導入する目的を述べ、または図書館でのインターネットサービスをその使命に関連づけて説明する。例えば、ワシントン州スポーケン公共図書館（Spokane Public Library）の「コンピュータとインターネット利用に関する運用方針」（http://splnet.spokpl.lib.wa.us/internet-policy.html）は次のように始まる。

　　　当館の使命は、本市の市民に民主主義の原理である思想と情報への自由で開かれたアクセスを保障し、その手段を提供することである。当館は知的自由を擁護し、リテラシーを向上させ、生涯学習を奨励し、図書館の資料と情報サービスを提供する。

この第一段落では、共有された図書館の原則が再確認される。その原則とはす

なわち、アクセス、コミュニティへの参加、知的自由、生涯学習への関与である。この文章によって、後に続くインターネット運用方針の基礎となるルールが築かれている。

次に、ニューヨーク州クイーンズバラ公共図書館（Queens Borough Public Library）の「インターネットの市民利用に関する運用方針」（http://www.queens.lib.ny.us/public.internet.policy.html）の書き出しを見てみよう。

　　当館の使命は、良質のサービス、資源、生涯学習の機会を、図書ならびに様々な形態の資料を通じて提供し、情報、教育、文化、娯楽に対する、多様で変化しつつある市民の要求を満たすことである。

くり返しになるが、インターネット運用方針の書き出しで最も一般的なのは、図書館の使命を再確認する文章である。そして多くの場合、図書館が情報への開かれたアクセスに積極的に取り組むと書かれている。そうすることで図書館は、館内でインターネットに個人がアクセスするときにフィルタリングその他の制限をするかどうか、という問題について、議論の主導権を握ることができる。非常に多くの図書館の運用方針が知的自由の原則に積極的に言及していることから、この問題がインターネット運用方針策定に際して非常に重要であることがわかる（フィルタリングその他のアクセスに関する問題は、第 6 章で扱う）。

知的自由の問題は確かに重要で——そしておそらく私たちの心に真っ先に浮かぶことで——ある。が、図書館には他にもインターネット運用方針に盛り込むべき使命がある。例えば、先ほど取り上げたクイーンズバラの運用方針に書かれていた「多様で変化しつつある市民の関心」という言葉を思い出して欲しい。多様

---

*　Planning and role setting for public libraries : a manual of options and procedures / prepared for the Public Library Development Project by Charles R. McClure ... [et al.]. –American Library Association, 1988.

**　Planning for results : a public library transformation process / Ethel Himmel, William James Wilson ; with the Revision Committee of the Public Library Association. –American Library Association, 1996.

23

性に関して図書館が鋭い感覚をもっているかどうかは、図書館でのインターネットの使い方を左右する——多様な図書館利用者全体を視野に入れたクイーンズバラのインターネット運用方針の書き出しは、このようなことを示しているのである。図書館に、多様性に対する感覚があるからといって、何か実質的な違いがあるのか？　おそらく多様性に対する考え方は、図書館のWebページでの表現を左右し、ネットワーク構築に影響し、多言語サービスやトレーニングその他の活動を支えるものとなる。しかし、第1章でも述べたが、これらのことがらは運用方針に書かれるのではない。運用方針を元に作られたマニュアルによって定められるのである。

　役割設定をすることで、図書館のインターネット運用方針はどのように決まってくるのか？　アーカンソー州フォートスミス公共図書館（Fort Smith Public Library）の「インターネットアクセスに関する運用方針」（http://www.fspl.lib.ar.us/irpolicy.html）の冒頭部分を見てみよう。

　　当館では、インターネットを主に情報源と考えてアクセスする。したがって、当館は、電子メール、チャットやニュース、討論グループへのアクセスを提供しない。

　フォートスミス公共図書館において、情報サービスは娯楽的なサービスと対照的にとらえられている。そのため、インターネット運用方針は少なくとも娯楽的な利用を認めていない。それに比べて、コネチカット州ダンベリー公共図書館（Danbury Public Library）の運用方針（http://www.danbury.org/org/dpl/policy.htm）では、インターネット利用が奨励されている。「インターネットは、あらゆる種類の——それが教育的であろうと娯楽的であろうと——無制限の情報を提供する」からだ。この運用方針は、別の側面を見せてくれる。それは、「情報技術の最新の進歩を利用者に提供すること」に図書館として関与する、ということである。ワシントン州のベリンガム公共図書館（Bellingham Public Library）の運用方針（http://www.city-govt.ci.bellingham.wa.us/cobweb/library/internet.htm）は、図書館の別の役割

に言及する。「当館は知的自由を擁護し、リテラシーを向上させ、生涯学習を奨励し、図書館資料と情報源を提供する」。

　くり返しになるが、使命を明文化するとき最もよく見られるのは——特に公共図書館の場合に顕著なのだが——、図書館が情報へのアクセスを保障することを述べた文言である。これは、驚くようなことではない。それが図書館のすべてなのだから。しかし、インターネットのフィルタリングを巡る問題があまねく知れ渡っているために、図書館管理職は運用方針策定にあたって憲法修正第１条を前面に出そうとする。また、ALAの『図書館の権利宣言*』およびその他の文書を採用していることを、利用者に報知しようとする図書館も多い。イリノイ州エラ・エリア公共図書館（Ela Area Public Library）の運用方針（http://www.ela.alibrary.com/iap.html）の第一段落には次の言葉があるが、これは今述べたアプローチの典型例である。「インターネットへのアクセスは、図書館が『図書館の権利宣言』『読書の自由』『閲覧の自由』を支持していることと、何ら矛盾するものではない」。

運用方針はどのような価値観を明らかにすべきか？

　インターネット運用方針の起案にあたって、図書館としての価値観を見直さなければならない。その価値観は、公共サービスに対する図書館の取り組みに反映され、最も重視する利用者群を決め、アクセスの基準を築く。図書館としての価値観を概括することで、インターネット運用方針が他の運用方針と首尾一貫していることを確認でき、図書館委員会やその他の意思決定権者に、既に決定済の基本信条を思い出させることができる。インターネット運用方針が図書館全体の使命と矛盾していないことが特に重要だと思われるポイントを、具体的にいくつか取り上げてみよう。

---

* Library bill of rights / ALA Council. –American Library Association, 1948, 1980 amended.

誰にサービスするか？

　図書館によってはその使命を明文化する際、最も重点をおくこととした特別の利用者群に対してサービスすると、はっきり宣言することもある。例えば市の住民にはサービスするがカウンティの住民にはしないとか、大学の学生および職員にサービスするための存在であって住民のためではないとか、キャンパス内の学生のみにサービスを提供する、といったことを前面に押し出す。図書館の他の運用方針はこの前提から導かれる。例えばあるグループに属する人には無料でサービスし、それ以外の人には料金を課す――利用を許可するならば、だが。

　図書館のインターネット運用方針も、同じ考えに基づく。例えば、利用者登録をした人にはインターネットの利用時間の予約を認めて、そうでない人は登録した人が誰も使っていない時間に限って使えるようにしてもよいだろう。同じように、利用者登録の有無による差がほとんどないか、全くないような運営方針を採用しているならば、インターネット運用方針でも、片方のグループをもう片方のグループより優遇してはならない。

ある種のサービスに重点をおくか？

　既に指摘したように、図書館はコレクション形成に関する運用方針から情報アクセスに関する運用方針まで、運営にかかわる一連の取り決めをするとき、サービスの役割設定を元にしてきた。インターネット運用方針も、自館の役割設定と矛盾があってはならない。例えば、児童・青少年サービスに重点をおいている図書館では、児童室にもインターネット用PCを設置するかもしれない。その場合は、子どもと保護者向けに特別のインターネット利用ガイダンスを行い、成人の利用者向けとは違う種類の利用教育をすることになるだろう。また、舞台芸術や科学などの特別科目に重点をおいた中・高のマグネット・スクール*の学校図書館では、インターネットの利用をこのようなプログラムを支援する用途に限定したいと思うかもしれない。

26

娯楽的な利用をサポートするか、情報入手や調査のための利用だけをサポートするか？

　インターネット運用方針を策定する過程で、このことを自問するのは重要である。その答えは、インターネットの提供を決めるときに、どのように決定を下すかを左右するからである。ある図書館が情報検索や教育的なサービスに力を入れているならば、自館の主な使命は、レファレンス、案内・紹介サービス、カリキュラム支援、ホームワークセンターのようなコアサービスを提供することである、と考えられているだろう。情報／調査図書館のコレクション形成は、参考資料、ノンフィクションの分野に力を入れていて、おそらく逐次刊行物もその中に含まれる。楽しみとしての読み物やAV資料のような娯楽的利用は、無視されはしないにしても、優先順位は低いだろう。これがその図書館の基本姿勢であるなら、インターネットに関しても同じで、その利用は情報入手の目的に限るべきである。この場合、価値のある情報源へのアクセスのみ——チャットルームやマルチユーザ双方向ゲームは含まない——を認める方が、首尾一貫している（第4章を参照）。

　また別の図書館では、個人的な読書やエンターテインメント、娯楽的な利用に資するためのポピュラーな蔵書を第一に考えているかもしれない。そういう図書館は小説、伝記、ビデオ、CDが充実していて、成人プログラムや公開講座を開いている。この場合は、ポピュラーな性質のものであれば——ゲームであれ、チャットルームであれ、また無制限のネットサーフィンであれ——どんなサイトにもアクセスできるようにする方が、首尾一貫している。

サービスを有料にするか？

　インターネットサービスを有料にするかどうかは、図書館のサービス全体が有料になっているかどうかで決まる。例えば、多くの図書館が、基本レベルのサー

＊　特定の科目について特別に高い水準のカリキュラムをもち、近隣学区に限定されずコミュニティ全体から生徒を集めるようになっている公立学校。

ビスは無料で、その他のサービス、すなわち職員や資源を集約的に必要とするサービスは有料で行っている。このような図書館では、インターネットへの基本的なアクセスは無料で提供することとし、PCの長時間占用、電子メールアクセス、ファイルのダウンロードといった特別のサービスを受ける場合は有料とすれば、図書館全体の運用方針と一致する。他のサービスはすべて無料で行いながら、インターネットへのアクセスは有料にすることには矛盾がある、ということを銘記すべきである。

図書館が提供しないタイプのサービスはあるか？
　図書館が提供しないタイプのサービスが、いくつか考えられる。例えば、「どんな百科事典（または辞書や地図帳）を買ったらよいか？」と質問してくる一般利用者に対して商品の紹介はしないということが、よく運用方針に書かれている。原則として図書館はこのような質問に、入手可能な商品の範囲、値段の比較、その他の事実に基づく情報をもって回答する。インターネット運用方針の場合、具体的なインターネットサービスのプロバイダ名や特定のコンピュータのハード・ソフトの商品を利用者に薦めることは、図書館全体の運用方針と矛盾する。
　もう一つの例は利用教育である。図書館が通常は――新しいサービスに関しては特に――市民に利用教育を提供しているならば、インターネットサービスについても、対象と内容のレベルが同じくらいの利用教育を提供すべきである。すなわち、いつもは一対一の非公式な利用者教育だけを行っているのに、インターネットに関する利用教育はグループを編成して行うというのは矛盾である。（しかし、これは明快に言えることではない。なぜなら、インターネットはかなり複雑で、インターネットサービスの導入に続いて少なくとも数ヶ月の訓練を受ける必要があるくらいなのだから。）

インターネットと図書館のコレクション形成方針の関係は？
　コレクション形成方針に、印刷媒体のコレクションを構築する際ある種の資料

を他より重点的に収集すると書かれているとしよう。その場合、インターネットのある部分が他に比べて利用しやすくなるように努めるべきである。例えば、図書館が自館のホームページから特定のサイトにリンクを張っているとしたら、そのサイトに掲載されている情報は、コレクション形成方針で優先的に収集することになっている分野と同じタイプでなければならない。同様に、印刷媒体の図書館ガイドを作成するならば、それを見れば利用者がコレクション形成方針の優先順位に沿ったサイトにたどり着けるようなものでなければならない。

　しかしここには、落とし穴がある。インターネットは、図書館が所蔵し管理する他の情報源と基本的に変わらないと錯覚してしまうというものである。インターネットの性質は、他の資料と大きく異なり、従来の選書モデルは当てはめられない。膨大である、永久に広がり続ける、コントロール不可能である、というインターネットの性質があるために、インターネットコンテンツの選択過程を整理してみようとしても、図書館にフラストレーションがたまるばかりである（この問題に関するこれ以上の議論は、p.108以降で行う）。そうであっても、図書館がインターネットへの案内役を務めようとする限り、選択基準は、コレクション形成方針を含む他の運用方針で決められた優先順位に従わなければならない。

図書館は、アクセスの提供者か、情報の提供者か、その両方か？
　図書館の別の運用方針でこの問題をカバーしていれば、既にこの質問に対する答えはできているだろう。もしそうでなければ、運用方針と使命を見直して、この質問への答えを考えるべきである。図書館はある意味で情報の提供者であるから、たぶん同じ程度にアクセスの提供者でもあるだろう。しかし、図書館によってはアクセスの提供に偏っていることもある。蔵書の一部（逐次刊行物やAV資料など）または全部が閉架式になっているなら、開架式の図書館のように自由なアクセスを許すことはない。図書館では、利用者が直接、商用データベースのオンライン検索を行うか、それとも、職員が行うか？　OCLCへのアクセスはどうだろう——利用者は直接OCLCのデータベースを検索できるか？　利用者が自分で他の図書館の資料を予約したり、図書館間貸出の申込みを自分で出したり

するか？　多くの図書館では、これらのサービスは職員のみが行っている。職員が情報ブローカーの役割を果たしているのである。一方、利用者が直接、サービスにアクセスできる図書館もある。広範囲のレファレンスや調査のサービスを利用者に提供する図書館もあれば、情報源を利用できる状態にしておいてあとは利用者自身に委ねる図書館もある。

　これをインターネット運用方針に照らして考えてみよう。上で述べたことは、図書館の役割を、インターネットを経由した情報検索と考えてもよいし、またはインターネットへのアクセスそれ自身を提供することと考えてもよいということを意味する。もしある図書館の目標が単に情報提供であれば、結局、利用者にPCを使わせないことにしてもよい。または、図書館のPCでインターネットへのアクセスを認めるとしても、時間や利用できるサービスを制限したり、あらかじめ選んだサイトへのアクセスに限定したりするかもしれない。しかし、図書館が情報源へのアクセスを提供する方向にあるならば、利用者に図書館のPCを通じてインターネットに十分にアクセスしてもらうようにするだろう。さらに図書館がインターネットプロバイダの役割をも果たすこともできる。その場合は、市民は自宅から図書館に接続することによってインターネットにアクセスできる。また、図書館のサーバにメールボックスを作ったり、図書館のサービスに自宅から指示を出したり（貸出の更新、資料の予約、資料のリクエストなど）することができる。しかし、憶えておかなければならない重要な点は、情報プロバイダとインターネットプロバイダという両極の間には選択の幅があり、ほとんどの図書館はその中間に位置するということである。インターネット運用方針は、他の図書館サービスによって提供する情報へのアクセスの度合いに見合わなければならないということに留意すべきである。

利用教育や利用支援を提供するか？

　多くの図書館では、利用者が情報源を利用する場面でも、図書館プログラムの一環としても、利用教育を行っている。とくに、大学図書館や学校図書館では公式・非公式の利用教育をさかんに行い、公共図書館では非公式もしくは一対一の

利用教育を行う傾向がある。図書館のアプローチがどうであれ、少なくとも他のタイプのサービスについてと同じくらいの利用教育をインターネットについても提供することが望まれる。これは重要なことだ。なぜなら、利用者はある程度の支援を図書館に期待するようになるからだ。本を選んだり、調べものをしたり、データベース検索をしたり、その他の図書館サービスを受けるときに職員が手助けしているのを利用者が見慣れているならば、インターネットに関しても、同じレベルの利用教育や職員の援助があることが重要である。

図書館は『図書館の権利宣言』を運用方針に取り入れているか？

多くの図書館は自発的に、アメリカ図書館協会の図書館運営に関する方針書を採用しており、『図書館の権利宣言』は最も有名なものである。これらの宣言を採用した図書館の管理職や委員会は、図書館が市民に情報を提供するにあたって、宣言に込められた職業倫理に従うことを決めたのである。そこで、図書館のインターネット運用方針を策定するとき、情報アクセスにかかわるこれらの運用方針と一致させるかどうかを決めなければならない。多くの図書館がインターネット運用方針の中で、図書館が開かれたアクセスという原則を支持すること、したがって利用者の情報アクセスを制限しないことを確認することになる。包括的なインターネット運用方針に盛り込まれる様々な要素についてそうした条文が述べていなくても、少なくとも、インターネット運用方針が図書館で採用された他の運用方針と矛盾しないことは明らかである。

学校図書館・大学図書館に関して、特に検討を要する問題はあるか？

学校図書館・大学図書館の役割は、より明らかである。カリキュラムを支援し、情報リテラシー技能を教えることである。しかし、学校や大学の運用方針では、目的と使命が思いもよらない方法で宣言されていることがある。例えば、ペンシルバニア大学（University of Pennsylvania）では順位付けをしている一風変わった方針が用いられている（http://www.upenn.edu/computing/help/doc/passport/policies）。

大学内コンピュータリソースを使用する際の優先順位は、以下の通りである。
最高：大学の教育・研究・サービスの使命に直接的に資するための使用。
中位：大学の教育・研究・サービスの使命に間接的に資するための、上記以外の使用。妥当な理由がある場合には、制限はあるが個人的なコミュニケーションも含まれる。
下位：娯楽のための使用。ゲームなど。
禁止：この運用方針を妨げるすべての活動のうち、「一般原則」を侵害するもの、ないし、「具体的規則」で禁止されたもの。

　これは、図書館全体の運用方針、そして特にインターネット運用方針の策定を決めるもとになったところの価値観を、ヒエラルキーで表明したものである。多くの組織と同様に、娯楽的利用の優先順位は低いが、利用方針の侵害事項とは違って、禁止されているわけではない。
　NuevaNet——カリフォルニア州ヒルズバラ（Hillsborough）の私立ヌエバ校（Private Nueva School）のコンピュータシステム——の利用許可に関する方針（gopher://riceinfo.rice.edu:1170/00/More/Acceptable/nueva）は、複数の使命を挙げている点で、類似している。

NuevaNetは、本校の二重の使命に基づいて、またその一環として提供されるサービスである。
使命1：ユニークな情報源へのアクセスや協働作業を通して、天賦の才能ある子どもたちのために、革新的な教育を改革すること
使命2：調査、教員研修、協働作業、うまくいった教育の実例・方法・資料の配信を通して、学習や教育を改善すること

　インターネット運用方針は、使命宣言を積極的に引用すべきか？　くり返すが、それは、図書館委員会、管理職、職員、それにコミュニティの性質によって

決まる。使命宣言がインターネット運用方針に組み込まれなければならないわけではない。しかし、そうであっても差し支えない。少なくとも、図書館の使命をたびたび再確認することで、図書館管理職、諮問および管理委員会、職員、そして市民に、図書館の明らかな価値を思い出させることだけはできる。さらに、運用方針の起案者は図書館の使命を心に刻み、それを前提に運用方針を築き上げたということを、利用者に思い出してもらうことができる。最後に、図書館全体の運用方針のもとになる原則は承認済であることを、財政当局や管理委員会に思い出させることができる。市民の運用方針に対する反応によって、運用方針の基礎となっている図書館の使命にまで議論が及ぶかもしれないと信じるに足る理由があるならば、最後に述べたことは特に有用である。

第3章 | 機器の配置と利用条件

　図書館がインターネット利用を提供すると決めたなら、職員と共に「どのようにサービスを提供するのがいちばんよいか」について話し合いを始めなければならない。この過程で、運営方針を作っていく上で多くの価値ある示唆が得られるはずだ。また職員とのこうした対話は、新しいサービスに対する不安感をやわらげ、職員全員が新しいサービスを自分たちの仕事だと認識し、やる気を起こすチャンスでもある。

　職員と共に考えた方がよい最初の問題は、機器の物理的な配置に関することである。PCはどこに置くか？　モニタはどう配置するか？　何を用意したらハードウェアのセキュリティを守れるか？　プリントアウトをさせるか？　もしさせるとしたら、プリンタはどこに置くか？　こうした疑問は、表面上はとても単純なものに思われるだろう——また図書館にとっては実際そうなのだ——が、図書館によっては、解答は複雑極まりないものになる場合がある。

戦略的な配置はどのように運営方針の実現につながるか？

図書館の使命がPCの配置に与える影響
　ビジネスレファレンスに力を入れている公共図書館ならば、ビジネスレファレ

ンセンターの中でインターネットサービスがしやすい配置にしようというのが、戦略的な判断となるはずだ。児童サービスに主眼をおくなら、児童室でインターネットを利用できるようにする（そして、特別なWebページを経由するなど、子どもたちにアピールするような設定とする）方がよい。学校図書館や大学図書館にとっては、配置を決める要因として使命が果たす役割はあまり大きくないかもしれない。そのような図書館のインターネット用PCの配置は、アクセス量のパターンやセキュリティ問題によって決まる。

図書館の利用方針がPCの配置に与える影響

　多くの図書館がそうであるように、図書館のインターネット運用方針にとって情報にアクセスすることが中心的かつ決定的な問題であるならば、PCを図書館のどこに置くかは、利用をどう考えるかによって決定されると思われる。PCで利用者が見ているものを監視しようと考えなければ、人が立ち寄りやすい場所に、そしてできるだけ多くの部屋に（児童室も含む）PCを置くだろう。しかし、もし図書館で不適切な資料を見る利用者がもたらす問題を心配するなら、利用者が何にアクセスしているか職員が監視できるように、PCを貸出／返却カウンターの脇に置くという選択をしてもよい。また、静かな個人研究のための場所を、どの程度他の目的に使うことを認めるかによって決定することもできる。大学図書館や研究図書館は、学習室や他の静かな場所に端末を置いてもよい。なぜならそれは、研究のための場所を提供するという図書館の使命と合致するからである。もう一つ考慮しなければならないのは、完全な利用の権利をもたない人が図書館にいるかどうかということだ。例えば、子どもがインターネットを利用する際には親の同意が必要であるとするなら、インターネット利用は職員の目が届く場所で提供することにして、誰が利用しているか簡単にチェックできるようにしなければならない。

PC利用者の認定、利用時間帯、利用限度時間

　多くの図書館が、インターネット利用の時間を予約するよう、利用者に求めて

いる。また、ある図書館では、手書きの申込用紙を使って、利用者のログアウト・ログインを（電話番号・電子メールないし名前を書くことで）図書館職員が記録している。もし職員が、手書きの申込用紙は利用者のプライバシーを侵すものと感じているなら（単に誰かがインターネットにアクセスしたと知っただけでは、その人がインターネットというメディアを使ったということ以外に個人的な情報傾向の本質について何も明らかにしていない、とされているとはいえ）、図書の貸出記録と同じようにPCを利用者に貸し出し、その後に利用記録をコンピュータから自動的に消す手段もある。この方法を使う場合、図書館はPCの目録情報を作る。利用者がそれを使いたいと希望するとき、職員はそのPCを利用者のカードで一定時間貸し出しする。あるいは、自動終了ソフトウェアを検討してもよい。このソフトはセッションを開始したときに起動し、使用限度時間が終わるか終わりそうになったら自動的にPCをシャットダウンするか、少なくとも利用者に警告するというものである。このソフトは利用が一定時間経過した後に、効果的に切断する。しかしこの方法は、利用者がアプリケーションを使っているか検索しているかの途中に利用者の接続を恣意的に切ってしまうことによって、結果として利用者との関係によい影響をもたらさないことがわかっている。またどのように接続を始めるのか——利用者がパスワードを入力したとき開始するのか、それとも職員が始めるのか——を決めなければならない。

　マシン利用の予約や時間設定を自動的な方法で行うなら、職員には利用を監視する義務は課されない。これは、PCの配置について監視を考慮する必要がないという意味である。しかし、もしインターネット利用の予約をマニュアルで処理しなければならないなら、機器類をスタッフの近くに置かなければならない。時間設定あるいは予約システムを使う主な動機は、すべての利用者が公正かつ平等にサービスを利用できるようにするためである。この目的を確実に果たすための最良の方法は、要求に見合う十分な数の機器類を提供することである。

　最後に一つ注意点を。予約システムは、より厳しいスケジュールの利用者にとっては手助けになる。図書館にPCが限られた台数しかなく、昼休み、夜間、週末などの利用ピーク時にしかPCを使えないという場合、たびたびPCを確保で

きないということがありうる。しかし、スケジュールの自由がきく人たちなら、ピーク時でないときに図書館に来ることができ、待たずに利用できる。予約は、ピーク時の利用が行き当たりばったりにならずに済むための方法である。

プリンタ使用

　プリンタ使用を認める場合、端末をプリンタの近くに配置するか、あるいはデスクのうしろに置き、利用者にはデスクで自分たちのページを取るように指示しなければならない。インターネット用PCからのプリントアウトを認めないという場合には、PCの配置はプリンタと無関係に行ってよい。

利用者のフロッピーディスク(FD)使用

　多くの図書館が、利用者のFDによるアップロードとダウンロードを許可してはいない（この問題については第4章で詳しく議論する）。許可するなら、機器類は職員がいる場所の近くへ配置し、FDの乱用を防いだり、利用者が技術的な問題を起こしたとき手助けしたりするために、職員が目を光らせることができるようにする。

　多くの図書館で使われている自動化された方法はロッキングソフトを使うというもので、最もポピュラーなのはFortres[*]と呼ばれるソフトである。Fortresはマシンの特定の機能を使えないようにすることができる。例えば、利用者がFDやハードディスクに書き込みしたり、Cプロンプトにアクセスしたり、Windowsを抜けたり、特定のプログラムを使ったり、などができないようにするのである。職員は設定を元に戻したり変更したりするために、パスワードを入力して簡単にソフトウェアを使うことができる。

　もう一つ、職員が監視をしないですむ方法は、利用者がFDを入れられないように機械的にFDの挿入口をロックするメカニカルロックを利用することである。しかしながらこの方法は、FDを使用できなくするだけで、利用者がソフトウェアを使用したりハードディスクにアクセスしたりするのを防ぐことはできない。プロテクションソフトウェアの利用、デバイスをロックする、あるいはカバ

ーすることなどは、目の届きにくい場所に設置した機器類の安全に関する心配をいくらか減らし、かつ、職員を番犬の役目という重荷から解放する。これに関連して、利用者が自分のソフトウェアをコンピュータで利用すること、あるいは図書館のPCでインターネットからプログラムをダウンロードして実行することを認めるかどうかという問題がある（ほとんどの図書館がシステムセキュリティ上の理由から認めていない）。この問題については第4章で詳述する。

機器の配置は利用者援助を促進する？（それとも妨害する？）

　多くの図書館では、PCを図書館内に分散配置している。しかし、貸出／返却カウンターやレファレンスデスクやその他スタッフエリアの近くに機器を置くことが望ましいとされる場合がある。それは、利用者援助のためである。ほとんどの公共図書館の職員は、利用者のニーズに留意しようと努力している。職員は利用者に常に目を配り、なにか困ったことがあると見れば手助けに立つ。この姿勢は、インターネット利用にとってはとりわけ重要である。新しいメディアだから、多くの利用者にとっては馴染みがないし、利用経験がある人にもサイバースペースのジャングルを案内するという援助が必要である。訓練された情報専門家ならではのサポートを提供できることは、図書館でインターネット利用を提供することの主な利点である。こうした理由により、多くの図書館はインターネット運用方針の中で、利用者への援助とトレーニングを行うと特に謳っている（第7章を参照）。もし図書館が、困っている利用者を援助するよう職員に奨励するなら、そうしやすいようにPCをスタッフデスクにできるだけ近いところに置くことになる。

プライバシースクリーンの設置

　プライバシースクリーンを使うかどうかは、図書館がフィルタソフトを使うかどうかでかなりの程度決まってくる（このことについては第6章で十分に議論す

＊　http://www.fortres.com/

る）。多くの図書館では、プライバシースクリーンをフィルタソフトに代わるものとして試しているところである。図書館内で他人を不快にすることや、あるいは画面を子どもたちがうっかり見てしまうことを気にしないで、自分が選んだ画面を見ることができるようにするのが目的である。プライバシースクリーンはモニタの正面にとりつけ、直接その席に座った人にだけ画面が見えるようにするものである。利用者のプライベートな利用のために間隔を開けてコンピュータを置くためのスペースがない図書館や、あるいは別の理由でスクリーンをパブリックエリアに向けておく必要がある図書館には、とりわけ便利である。

　しかし、プライバシースクリーンに特有の問題があることに気づいている図書館員もいる。遠近両用眼鏡を使う人には、画面が見にくいのである。図書館員にとっても、利用者の背後で援助しようとすると立ち位置が難しい。また、オースティン公共図書館（Austin Public Library）がプライバシースクリーンを試用している間にわかったように、図書館員や利用者がプライバシースクリーンを取り外してしまうと、元に戻すのは極めて厄介である。その他、利用者のプライバシーを守ろうとしている図書館では、PCを仕切りで囲った机に置いたり、個室に置いたりしている。このような方法では普通、職員は利用者を観察したり、利用者が援助を必要としているかどうかに気を配ったりすることができない。

　もう一方の選択肢としては、そしてこれは第6章でも議論しているのだが、プライバシーデスクと呼ばれる埋め込み型モニタの利用がある。この場合、机の天板にモニタを埋め込む。プライバシーデスクは、コンピュータの前に座っている利用者あるいはその真後ろに立っている人にだけ画面が見えるようになっている。プライバシースクリーンよりも高価だが、利用者にとっては見やすいし、職員にとっても、利用者を援助するときに画面が見やすい。埋め込み式モニタの問題点は、それが人の体にやさしくないということである。人によっては、長時間画面を見下ろし続けると、首や肩が痛くなってしまう。このため、このような机は長時間かかる研究目的の利用より、ちょっとした情報検索をする利用者向けなのである。

モニタをどのように置くべきか

　いくつかの図書館では、PC の配置やモニタの向きについて、運用方針に条項を入れている。テキサス州のヴァレー・インフォメーション・アライアンス (Valley Information Alliance) の利用方針には、「アクセスされた情報が注意を要するものや見るのに不適切なものだった場合に、他の利用者が不適切と思われる資料を偶然見てしまわないように、利用者が閲覧するエリアは利用者のプライバシーを確保するような場所とするべきである」と書かれている。他の図書館でもテキサス州テイラー公共図書館（Taylor Public Library）が、それに似た運用方針を既に採用している（http://spinoza.pub-lib.ci.taylor.tx.us/taylorpl/policy.html）。すなわち、「インターネット・ステーションは、援助およびセキュリティのため、職員が監視できる場所に置くこと」と述べている。この図書館では、モニタが受付カウンターの職員から見えるように PC を配置した。この方法なら、他の図書館利用者を不快な気分にする――または、より強い表現で「ハラスメントにあたる」と言う人もいる――と思われる不適切で性的に露出度の高い資料を利用者が画面で見るのを抑制するだろうと見込まれる。利用者が図書館で不快な資料にアクセスしているようなら、職員は彼らが何を見ているのかわかるようにし、そのようなサイトにアクセスするのをやめるように言うことができる。

　たとえこれが多くの図書館での実践とはいえ、それでもやはり問題がある。一つ例を挙げると、この方法は利用者が何を PC で見ているのか、職員がずっと監視するという仮定に基づいている。

　このことが職員にとって重荷であることはさておいても、不適当な（「不公正」とも言う）方針であることはまちがいない。また、図書館内では見るのが不適切であると職員が考えるものを利用者が見ていたらどうなるだろう。そうしたら職員は利用者に面と向かって、彼らが憲法で保護された表現である（保護されていないかもしれないが）情報を見ないように要求しなければならない。もし利用者がやめなかったらどうするか。職員は問題をエスカレートさせるか、あるいはそのまま続けさせるかである。続けさせる場合は、図書館内のどんな人の目にもこの画面が入ることになる。基本的にこの運用方針で求められているのは、利

41

用者が公の場所でプライバシーを保障されるかどうかを明言することである。これは法的な検討を要する問題である。

PCの配置に関するその他の問題

　PCをどこに置くかについて、しめくくりに一層細々とした制約事項をいくつか挙げておく。まとめると、

- 電源（コンセント）はどこにあるか？
- （もし利用できるなら）ネットワーク用コンセントはどこにあるか？
- 使用する接続方式は？（例：ダイヤルアップ、ISDN、T-1）
- 機器類を置くスペースはどこにあるか？
- 図書館には新しい機器類のための家具があるか？　または新しい家具を置けるスペースがあるか？
- 機器類はいくつあるか？

　配置に関する最後の問題は、方針で明示すべきか、それとも運用上の問題にすぎないのか、である。ある図書館ではそのことに言及しているが、ほとんどの図書館ではそうではなく、運用上の問題として扱っている。しかし、PCの物理的な配置は、明文化された方針にあるかどうかにかかわらず、図書館職員がインターネット運用方針の他の項目をいかに実行するかに影響を与える重要な問題である。

誰がインターネットを使えるか？

　そろそろ方針に関する一連の問題、すなわち、利用を手続き上または運用上どうコントロールするかの中心問題を、考えるときが来た。
　誰がインターネットを利用できるのか？　すべての来館者か、利用カードを持っている人だけか？　インターネットを使う人は申込みをしなければならない

か？　PCの利用に制限時間はあるか？　未成年者はインターネット利用のために親の許可を必要とするか？　図書館がアクセスに関する運用方針を策定する際に思案にくれることがらは、いくつもある。そして、ほとんどの方針でそうであるように、いずれの問題にも賛否両論がある。判断に際しては、利用に関して適切なバランスを見い出すために慎重に検討しなければならない。制限のない利用という図書館の使命と、すべての利用者に対し何らかのオンライン資源の利用を確実にすることとの間に矛盾を見い出すかもしれない。

　大学図書館および学校図書館では普通、PCの利用は所属機関の学生および教職員にのみ許可している。ほとんどの大学図書館の方針には、機関が「コンピュータネットワークおよびコンピュータ設備を含む情報資源へのアクセスを学生、教員ならびに職員に」提供することを明示する文言が含まれている——たいていはこのダートマス大学（Dartmouth College）の方針のように、序文に書かれている（http://www.dartmouth.edu/comp/comm/citbook/compcode.html）——。しかし、特にコミュニティカレッジの図書館および学校図書館と公共図書館が一緒になっている場合は、地域住民による利用を運用方針で明示している。

　大学図書館の方針は、とりわけ、誰が機器を使えるかということ以上の範囲を扱わなければならず、単なるインターネット利用を超えた問題に触れざるを得ない（大学図書館の利用方針の項、p.48 を参照）。一方公共図書館では、この問題はもっと簡単である。一般にすべての利用者が利用できるようにしてあり、システムにログオンするためにパスワードを発行している図書館はほとんどない。

　大部分の公共図書館は、利用カードを持っていようがいまいが、すべての人々にシステム利用を許可するという選択をしてきた。その場合、方針の中でこの問題については触れないままにしておこうと思うかもしれない。が、それはあまり賢明ではない。誰がインターネットにアクセス可能なのかを明確に述べておけば（それが図書館に足を踏み入れた人すべてだとしても）、図書館委員会から職員に至るまでみんなもっと安心だろうし、安全な立場に立てる。他方、有効期間内の貸出カードを持っている人々に利用を限定することもできる。これは公共図書館

で検討すべき問題だが、しかし大学図書館でも、学外の人がかなりの割合で入館する場合は、この問題について明示しなければならない。以下の5つの質問は、どうやってこれらの問題に対処すればいいか決めるのに役立つだろう。

1. 利用者用PCは何台あるか？

    もし数台しかないのであれば、カードを持っている人に利用を限定すべきである。

2. カードを持たない利用者が、何人くらい図書館を利用するか？

    地域住民以外の人がめったに来ないようなら、利用制限をする必要はあまりないだろう。しかし、もし来館者数が多いなら、カードを持っていない人がアクセスしないように監視するにはどうすればよいだろう？　他に申込みを要求する理由はあるだろうか？（申込みに関する方針についてはこの章の後の方で議論しよう。）

3. 誰がインターネットを利用しているかを監視する職員はいるか？

    制限を守らせる職員の職務意識と人数も、判断の要因となるだろう。方針決定の際は、職員に要求される業務レベルと、利用者を監視する十分な職員がいるかどうかを評価しなければならない。

4. 図書館資料の館内利用に関する図書館の他の運用方針は、どうなっているか？

    他の図書館資料の利用許可条件は、来館者か、それともカードを持っている人のみに限るか？　伝統的な印刷物中心のサービスとは別に、インターネット利用に関して異なる運用方針を設定しなければならない理由はあるか？

5. 関連する州法または規則はあるか？

    いくつかの州では、公的な情報へのアクセスを管理する州法がある。その場合、公共機関の情報すべてが対象となる。

これらの問題を検討した上で、対象となる利用者をカードを持っている人に限定する方がよいとなったとしよう。次は、いかにしてそれを実行するかを決めな

ければならない。

　テキサス州ファーマーズ・ブランチ（Farmers Branch）のマンスキー図書館（Manske Library）インターネット利用方針（http://www.ci.farmers-branch.tx.us/library/pol_int.htm）では、「ファーマーズ・ブランチ図書館のカードが必要である」と明記し、利用者に対して出入りの際にレファレンスデスクでサインするよう指示している。この図書館では、インターネット用PCを使うために、利用者は有効期限内の図書館カードを提示しなければならない。図書館カードを持つ資格に適合していることだけでなく、他の条件をつけてもよい。

　もう一つの方法は、カードを持っていない人を無条件に排除するのではなく、カードを持っている人を優先するにとどめるというものである。例えばワシントン州ベリンガム公共図書館はカードを持っている利用者を優先しているが、カードを持っていない人にも利用を認めている（http://www.city-govt.ci.bellingham.wa.us/cobweb/library/internet.htm）。その運用方針には、「コンピュータの利用予約のために、ベリンガム公共図書館の有効期限内のカードが必要である。ただし来館利用であれば、前もって予約していなくても、また図書館カードがなくても利用できる」と書いてある。この方針なら職員は、使われていないPCがあるときに、カードを持っていない人を断わらなくてはならないという困った状況を避けることができる。

　しかしながら、カードを持っている人にだけPC利用を許可するなら、カードを持っていない人に職員がどう対応するかを、きちんと考えなければならない。カードを持っていない人がインターネットを使いたいと言ってきたらどうすべきかを明確にしたガイドライン（マニュアル）が必要である。特に利用者にPCの使用をいやいや諦めさせるとき、職員はガイドラインがあれば重宝するだろうから。

利用時間の予約方針をどのように導入するか？

　図書館内のインターネット用PCを、カードを持たない人にも使わせるかどう

かの方針は、図書館が利用者に、インターネット用 PC の利用時間を予約することを求めるかどうかに影響してくる。図書館がカードを持っている人にだけインターネット用 PC を利用許可するというならば、カードを持っている人かどうかチェックするメカニズムが必要である。

カンザス州ローレンス公共図書館（Lawrence Public Library）（http://www.ci.lawrence.ks.us/iag.html）のように、「ローレンス公共図書館の利用カードが必要である。インターネット用 PC の利用中は、利用カードを預けること」と指示をしてもよい。またこの方針は、制限時間の設定は行っていないこと、さらに、予約ではなく来館順にコンピュータを提供することを、続けて述べている。あるいは、カード所持者のアクセスを自動または手動の予約システムを使って管理するという方法もある（PC の利用時間予約については p.36 を参照）。

実際に、利用者に対しインターネット用 PC の利用時間を申し込んでもらうことは、一般的になりつつある。この方法なら職員はもっと簡単に、PC を使っている人を、時間制限と同時に監視することができる。需要は大きいのに少ない数の PC で対応しなければならない図書館の方針を策定する者にとって、必要なものであろう。申込用紙を用いずに制限時間を設定するのは、とても難しい。そうでなければ職員は利用者が使っている時間を把握しなければならないし、交通巡査よろしく PC の前に人を座らせたり立たせたりしなければならない。ベリンガム公共図書館の運用方針は、この点において注目すべきである。というのは、非常に注意深くかつ広範囲にわたって、利用申込みに関する諸要素を概説しているからである（3–1 を参照）。

このような詳細にわたる方針があれば、職員はどのようにそれを実施するか迷うことはないだろう。しかし、どの図書館でも申込用紙、予約、時間制限について、これほど完全な方針を作らなければならないわけではない。該当部分を書くときに、以下の問題についてきちんと考えればよい。

・職員は、すべてのルールを、とりわけ機器使用状況を把握する必要があるようなルールを、平等かつ公正に適用できるだろうか？

3-1　　　　　　　時間制限に関する方針の例

図書館のコンピュータを予約するときは

　a. インターネットを利用する場合、レファレンスデスクで申し込むこと。

　b. インターネット用コンピュータを予約できるのは1週間に2時間まで、申込みの最低単位は30分である。また、前もって7日先までの時間帯を予約できる（例：月曜日から月曜日、火曜日から火曜日まで、など）。

　c. インターネット・ステーションの予約時間の単位は、それぞれ連続30分、60分、90分、あるいは120分で、最大2時間である。前もって予約できるのは、1日に1単位のみ。

　d. 「予約なしの来館利用」の場合、利用時間は最大で週に2時間までとする。いちど限度いっぱいの2時間インターネットPCを使うと、その週に予約した他の時間はすべてキャンセルされる。

　e. 遅刻した場合、予約した残りの時間のみ利用できる。15分以上の遅刻は、キャンセルとする。

　f. 利用が多いため、予約時間の1時間前を過ぎてからキャンセルされた時間は、週に最大2時間までの利用時間にカウントされる。また、予約した時間に「現れない」場合も、その時間を週に最大2時間までの利用時間にカウントする。

　g. 週に最大2時間の利用限度時間に達した場合でも、インターネットPCが利用可能であれば、利用を申し込むことができる。しかし、全く利用していない、あるいは週2時間の利用に達していない別の利用者が来た場合には、利用を譲ることとする。

　h. 上記の場合で、週の利用限度時間である2時間を超えている人が2人いた場合は、担当の図書館員の裁量により判断する。

出典：ワシントン州ベリンガム公共図書館
(http://www.city-govt.ci.bellingham.wa.us/cobweb/library/internet.htm)

- 職員が利用者と交渉しなければならないような条件または環境があるだろうか？（例えば、市長や議員には一般の住民のと同じ時間制限を適用するか、など）
- 図書館が課す制限には、合理的な理由があるだろうか？　どんな制限も利用者から見れば障害になる。たとえ実にもっともな理由から設けられた制限であっても。したがって図書館管理者は、利用制限を定めるにあたってどのような問題を避けようとしているのかを慎重に考慮しなければならない。
- 予約者がいない時間帯には、来館利用者にどう対処するか？　ベリンガム図書館の方針では、優先予約者がいないときや予約したグループがまだ到着していないときには利用を許可することによって、この問題に対処している。
- 利用制限を実施するのに十分な職員はいるか？
- プライバシーの問題はあるか？　申込みをさせることが利用者のプライバシーを侵害するのではないかと心配になる場合がある。自分の州はこの問題にあてはまるかどうか確認し、もし必要なら、利用者が名前をサインする以外の手段を検討する（利用者のイニシャルなど）。

特殊な利用方法が大学図書館に与える影響

　高等教育におけるキャンパスコンピュータネットワークの性質から、大学図書館ではいくぶん異なった状況が生じている。公共図書館利用者のインターネット利用は、概してブラウザを使ってWebサイトにアクセスする程度に限られるが、大学では、学生や教員に対しユーザパスワードを発行し、もっと広い範囲のコンピュータサービスを提供するのが通例である。電子メール、ファイルへのアクセス、有料データベースへのアクセス、学内LANやWANでのライセンス契約ソフトの利用、これらは大学のサイトを通じて使える多くのサービスの一例に過ぎない。これらのサービスはしばしば大学のメインフレームやネットワークに直接アクセスするものであり、またこれらのサービスの提供形態は、大学がデータベースベンダーやソフトウェアベンダーと契約する商用ライセンスによって管

理されていることが多い。そのため、コンピュータアクセスに関し、適度に厳密な運用方針を設けることは必須である。これらの方針は図書館が草案を作ることもあるが、大学全体として適用しているコンピュータ利用方針から図書館の運用方針を派生させるか、あるいはそれに一致させることの方が多い。

　これらの運用方針は、たいていは非常に厳密に記述されており、違反したときの結果を非常に入念に規定している。テキサス大学（University of Texas）オースティン校の方針を、例に挙げてみよう。そのタイトルは「トラブルを招こうとしていますか？」である。この方針は、「インターネット利用に飽きましたか？　コンピュータアカウントを失いたいですか？　テキサス大学から退学処分を受けますか？　それとも刑務所へ直行？」と問いかけている。運用方針の本文では、テキサス大学コンピュータネットワークサービス利用を管理するための利用方法の基準を、次のように丁寧に概説している（http://www.utexas.edu/cc/policies/trouble.html）。

1. 大学が利用のために特に割り当てたコンピュータ資源（ID番号など）を利用できるのは、割り当てられた当人ただ1人である。
2. 自分のパスワードは誰にも教えてはならない。たとえ信頼できる人、例えばボーイフレンド、ガールフレンド、兄弟姉妹、あるいは問題を解決しようと申し出てくれる友人に対しても。誰かが自分のパスワードを見てしまったおそれがあると思ったら、すぐに変更すること。

セキュリティ侵害行為、あるいは「ハッキング」の禁止は、大学のコンピュータ利用方針によく見られるものである。テキサス大学の方針は以下のように述べている。

　　コンピュータシステムへ不正ログインをしたり、利用許可されていないシステムにアクセスを試みたりしてはならない。この行為はいかなる環境でも許されるものではなく、結果として学生部長か副学長、または教務事務官長

による懲戒処分を含む重い処分を受けることになる。

　これで、最も図々しい意図的なハッカーを除けば、すべてのことがらに備えうる。
　「ダートマス大学コンピュータネットワーク運用方針」(http://www.dartmouth.edu/comp/comm/citbook/compcode.html)は、大学がシステムにアクセスする学生・教員を確認する基準を以下のように述べている。

> 　ダートマス・コミュニティのメンバーの名前は、「ダートマス・ネーム・ディレクトリ（the Dartmouth Name Directory, DND）」に記載される。コンピュータサービス部門が管理する電子的なデータベースであるダートマス・ネーム・ディレクトリに登録することにより、ダートマス大学が設置しユーザ認証を必要とするネットワークサービスへのアクセスを保証する。ダートマス大学情報システムを介して利用するBlitzMailおよびアクセス制限のある情報源の利用もこれによって可能になる。今後ますます、ダートマス・ネットワークへのアクセスおよびダートマス・ネットワークサービスは、DNDに登録されているかどうか、または登録の際のユーザ属性が何であるかによることとなろう。また、人によっては、ダートマス大学の業務を遂行するため、複数のコンピュータシステムのユーザ名とアカウントを与えられる。なお、このセクションの中では、DND登録、ユーザ名、またはアカウント名は「アカウント」と呼ぶこととする。

　コートランド大学（Cortland College）の利用方針は、利用者が同意すべき利用条件について、以下のように述べている（http://snycorva.cortland.edu/acs/policy.html）。

> 　コートランド大学の大規模なコンピュータシステムの利用に際しては、大学が特定のシステムを利用するために与えているユーザ名が必要である。ユ

ーザ名は個人に対して与えられる。ユーザ名の使用に関しては、そのユーザ名を発行された個人の責任である。以下に述べることはサービスの盗用と見なされ、次のセクション3に述べる罰則の対象となる。

(1) 他の人物の名前でユーザ名を取得すること。
(2) 所有者およびコンピュータセンターの明白な許可なく、ユーザ名を使用すること。
(3) コンピュータセンターの明白な許可なく、他人にユーザ名を使用させること。

　ここで、これらの事項が大学の方針の一部として既にある場合、図書館の運用方針にもう一度書き込む必要があるかどうかという問題が生じる。そのような必要はない。図書館でのアクセスを特別に管理するという考えがない場合は、なおさらである。もし図書館が独立した運用方針を設ける場合も、大学全体の方針を反映させるのがいちばんよい。大学図書館の管理者としては、学生が主に利用することから大学全体の方針が図書館にとって十分なものだろうか、図書館の利用方針を設ける方が得策ではないか、と考えるかもしれない。もしそう思うならば、大学の規則や方針は他のサービスにも同様に適用されるということをくり返し書きこむべきである。なぜなら、方針に照らして学生の行為が不適切であると見なされた場合、間に入るのは図書館の職員となるだろうからである。

年齢制限

　利用手続きに関してもう一つ検討されなければならない問題は、子どものインターネット利用である。子どもはインターネット利用を許可されるべきか？　図書館内のどのPCでも使ってよいか？　それともあらかじめ指定された場所にあるPCだけか？　インターネットの利用を許可するのに、あらかじめ親の同意が必要か？

　明らかに、これらの問題は大学図書館にとっては大したことではなく、また学

校図書館では保護者の許可を必要とするのが一般的だろう。しかし、公共図書館では大問題である（それでも、大学図書館も 18 歳未満すなわち未成年者にサービスすることがあるし、学校図書館もしばしば夏期には地域全体に開放するということを銘記しておくべきである）。第一に心配されることは、もちろん、インターネットにはポルノグラフィその他の成人向け情報があるということである。これについては、第 6 章で詳しく述べる。また、フィルタを使わないことにした図書館にとって、未成年者の利用に際して親の同意を要求することは一般的な対策である。

例えば、テキサス州ポートイザベル公共図書館（Port Isabel Public Library）では、「18 歳未満の児童は、インターネットの利用をするのに親の許可を得なければならない」としている。この図書館の親の同意書は、3-2 のとおりである。

フィルタも使わず親の同意も求めない他の図書館は、子どもが図書館でインターネットを使うときに親が同席するよう、要求または提案するとよい。親による監督を提案する運用方針の例は、イリノイ州グランドプレーリー公共図書館（Grande Prairie Public Library）の「インターネット利用方針」（http://www.grandeprairie.org/netuse.html）に見られる。この方針は、「子どものインターネット利用に関心のある親および保護者は、自分たちの子どもを指導し、彼らの利用を監督すべきである」としている。

対照的なのは、イリノイ州エヴァンストン公共図書館（Evanston Public Library）の運用方針（http://www.evanston.lib.il.us/library/internet-access-policy.html）で、「親は子どものインターネット利用を把握し監督することが期待される」と、もう少し強く言っている。ノースカロライナ州シャーロット郡シャーロット・メッケンバーグ・カウンティ公共図書館（Public Library of Charlotte and Mecklenburg County）のインターネット運用方針（http://www.plcmc.lib.nc.us/find/policy/internet.htm）は、「12 歳以下の児童は、親、後見人、あるいは教諭の同伴がなければ利用できない」としている。

自分の子どもの学校でのインターネット利用を認めるという許可証に親や後見人の署名を求めるのは、学校に共通したやり方である。2 つの事例を 3-3 と 3-4

| 3-2 | 親の同意書の例 |

ポートイザベル公共図書館

同意書

　　　　　私　(氏名を活字体で記入)　　　　　は、18歳未満である
　　　　　(子どもの氏名を活字体で記入)　の親／保護者である。
　私は、インターネット利用に関するガイドラインおよび方針を読み、理解した。私はインターネット利用が教育的な目的を意図しているものと理解している。
　私は議論を招くおそれのある内容へのアクセスを制限することはポートイザベル図書館ではできないことを理解し、また、ネットワークでアクセスする内容に対する図書館あるいはその職員の責任を追及しない。
　自分の子どもによるインターネット利用が定められた教育的な範囲から逸脱する場合、私はすべての監督責任を負う。
　これによって私は自分の子どもに対し、ポートイザベル図書館のインターネットPCの利用を許可する。

(親／保護者の署名)　　　　　　　　　(日付)

(住所)　　　　　　　　　　　　　　　(電話番号)

に示した (http://www.benton.org/Library/KickStart/kick.communityresources.html)。

　アメリカ図書館協会（ALA）が親の同意をどのように捉えているか気になるならば、ALAが情報利用に関する声明の中で、未成年者は図書館内すべてのリソースに自由にアクセス可能と認めていることに留意すべきである。もちろん、そのような姿勢を図書館の方針として採用することを宣言しない限り、図書館がALAの姿勢に従う義務はない（ALA知的自由に関する委員会事務局ホームページhttp://www.ala.org/oif.htmlに、ALAの『図書館の権利宣言』、方針、その他の文書が掲載されている）。

3-3　　　　　　　　　生徒／親の同意書の例

生徒の署名および親の同意書書式
[ロサンゼルス統合学区（Los Angeles United School District）]

LAUSDnet（インターネット）アカウント

（注：生徒が利用方針を読むには幼すぎる場合、大人が読んで聞かせること。この利用方針の目的は、情報を提供することであり、誰かを排除することではない）

　生徒の姓　　＿＿＿＿＿＿＿＿＿＿＿＿＿
　生徒の名前　＿＿＿＿＿＿＿＿＿＿＿＿＿
　学校名　　　＿＿＿＿＿＿＿＿＿＿＿＿＿
　教師の氏名　＿＿＿＿＿＿＿＿＿＿＿＿＿
　生徒がインターネットテストを完了した日　＿＿＿＿＿＿＿＿＿＿＿＿＿

　私は利用方針を読み、また生徒用インターネットテストも完了した。私がこの規則を守ればLAUSDnetのアカウントを保持できるが、利用方針に書かれた規則を守らない場合、自分のネットワークアカウントを失うことを理解しているし、また再取得できないことも理解している。

　生徒の署名　＿＿＿＿＿＿＿＿＿＿＿＿＿
　日付　　　　＿＿＿＿＿＿＿＿＿＿＿＿＿

親の同意

　私はLAUSDnet利用方針およびLAUSDnet生徒用インターネットテストを読了した。インターネットは何百何千ものコンピュータネットワークの世界規模の集合であることを理解している。また、ロサンゼルス統合学区はこれらのインターネット上にあるコンテンツをコントロールしていないことも知っている。インターネットを使うときには、論争を招くおそれのある、または不快に思われる内容の情報を生徒が読んでしまうかもしれないことも了解した。ロサンゼルス統合学区に対し、私の子どもにインターネットアカウントを与えることに同意する。利用方針に書かれた手続きを守っている間は、子どもはこのアドレスを保持するものと承知する。

　親または後見者の署名　＿＿＿＿＿＿＿＿＿＿＿＿＿
　署名した日付　　　　　＿＿＿＿＿＿＿＿＿＿＿＿＿

出典：ロサンゼルス統合学区

第3章　機器の配置と利用条件

| 3-4 | ネットワーク利用同意書の例 |

親の同意書

　私はノーウッドネットワーク利用方針（裏面リストのユーザの責任事項含む）をすべて読み、また私個人の利用と私の子ども（たち）の利用のため、この方針を支持し、これを遵守することに同意する。この方針に対するいかなる侵害も、結果として私のノーウッドネット利用権を失う結果になることを承知している。同様に、他人がこの規則を破ることを故意に許した場合にも、私個人のアクセス権を失うことを承知している。理解していることを示すため、以下に署名する。
（空欄に署名すること）

教職員名：　_____
日付：　　　_____
保護者氏名：_____

出典：ノーウッド独立学区（Norwood Independent School District）

同意書は有用か？

　多くの図書館が利用者に、インターネット利用に関する運用方針を読み、それに同意することを承認する同意書へのサインを求めている。3-5にはこのような書式の文がある。

　留意すべきなのは、この図書館は未成年者の親に対しても署名を求めており、この署名によって、親の許可と、規則の理解および親が負うべき責任の理解の両方が可能になるようにしていることだ。
　利用者に、このような書式に署名させることは必要か？　これは、図書館がどの程度利用者のインターネット利用を心やすらかなものにしようとするかによって決まる。多くの図書館では——とりわけ小さな図書館では——、職員はインタ

ーネットの利用状況を観察できるし、正しくない利用が生じた場合には介入することもできる。しかし、インターネット運用方針であろうと貸出方針であろうと（たいてい図書館利用カードの裏面に書いてあり、利用者が署名済みである）集会室利用方針であろうと、図書館の方針を利用者が理解し認知したかどうかを確かめる方が、慎重であるに違いない。

　最終的に制定されたインターネット運用方針の性格がどういうものであっても、図書館が詳細にあらゆる問題を検討することが重要である。これらの手続きは、職員と市民の間での、図書館におけるインターネット利用に関する関係の中心に置かれるものである。アクセスを始める前に図書館がこれらの方針に安心感をもつこと、そして、インターネット利用提供を開始したら定期的に見直されることが最重要課題である。

3-5　登録および利用者の同意書の例

登録および利用者同意書

1. 私は、ブルーミングデール公共図書館（Bloomingdale Public Library）インターネット用PCの利用方針を読み、これを守ることに同意する。
2. 私あるいは私の責任下にある未成年者が起こした機器・ソフト障害にかかる修理・入れ替え費用は、いかなるものも負担することに同意する。
3. 私は、システムの不調ほかいかなる理由により個人用のディスクが損害を受けても、図書館はその責任を負わないということを理解している。
4. 著作権により保護されたソフトウェアの複製は、著作権法が禁じていることを理解している。また私は、すべての著作権法を遵守する。
5. インターネット用PC利用方針に従わなかった場合、図書館のインターネット用PC利用権を失うことを理解している。
6. 私が住民でない場合、私は自分のインターネットカードがインターネット利用のみに有効であることを理解している。

署名 ＿＿＿＿＿＿＿＿＿＿＿＿＿＿＿＿
日付 ＿＿＿＿＿＿＿＿＿＿＿＿＿＿＿＿

18歳未満の利用者の場合：

＿＿＿＿＿＿の親あるいは保護者である私は、この未成年者のインターネット用PC利用が適切であるかどうか把握する責任を負うこと、起こりうるいかなる損害に対しても責任を負うことを理解した上で、当該未成年者に対し、ブルーミングデール公共図書館のインターネット用PCの利用を許可する。

親の署名 ＿＿＿＿＿＿＿＿＿＿＿＿＿＿＿＿
日付　　 ＿＿＿＿＿＿＿＿＿＿＿＿＿＿＿＿

出典：インディアナ州ブルーミングデール公共図書館

第4章 許容される利用とは

　「許容される利用」という語は、ほとんどインターネット運用方針の同義語になった。今日では、この言葉がひんぱんに登場するので、図書館員はAUP (acceptable-use policy) という略語を使うようになっている。しかし、図書館のインターネット運用方針を、「利用方針」と呼ぶのは正確ではない。なぜなら、インターネット運用方針には図書館で何が禁止されているかということ以外の、他の要素も含まれるからである。これら他の要素は、利用に対する図書館の態度に影響されるとはいえ、利用とは何も関連がない。

　しかし、利用に関する規定は、常にインターネット運用方針の全体ではないとしても、その核心であることが多い。ほとんどの方針は、その大部分が利用者はインターネットで何をしてよいか、何をしてはいけないかの定義に割かれている。許容される利用と禁止事項を同じセクションに記述している図書館もあるが、扱いを分けている図書館もある。本書では、両者の違いを明確にできるように、これらを別々の事項として扱うことにする。本章では、許容される利用に関する規定を作成するときに検討すべき点を明らかにし、次章では、特に制限または禁止したいと思われる行為を挙げる。

許容される利用とは何か？

　許容される利用の構成要素に関する選択肢は非常に多様であり、その図書館の使命が何を許容するかをかなりの程度、決定する。館種により何を許容するかが決まる場合もある（学校図書館や大学図書館の場合、親機関の方針が決定要因になるだろう）。

　しかしながら、許容される利用に関する規定の中でしばしば現れる事項、館種を越えて非常に似通った事項がある。本章では、職員、図書館委員会、市民グループ、その他の方針作成にかかわるグループに提示したくなるだろう様々なジレンマについて詳述する。それへの対応は単純な場合もあるし、より複雑な場合もある。それらを解決したときに、許容される利用についての方針を構成する大部分の項目は決定できているであろう。

　個別のことがらに入る前に、図書館内でのインターネット利用に関する総括的な規定をおいている運用方針もあるということに、留意してほしい。しかしそれらも、許容される利用に関する規定の中で、あらゆる利用者——個人であれ機関であれ——にインターネット接続を提供することの意義を述べているわけではない。テキサス州キャンヨン公共図書館（Canyon Public Library）の宣言は次のように始まる。

> 　インターネットを含む電子的情報資源の利用者は、責任あるやり方で、提供の目的であるところの教育および情報の目的に沿って利用することが期待されている。

　このような記述は、一連の許容される利用の背景を示し、また、その導入として非常に役立つ。キャンヨン公共図書館の方針は、まさにその例である。

　方針の中で、インターネットの利用は特定の目的に沿ったものでなければならないと決めている図書館もある——それらの目的は、当該図書館の使命宣言や図書館が支援する役割から来たものもあれば、児童プログラムや科学技術コレクシ

ョンやビジネスレファレンスセンターといった図書館の特定の機能に基づくものもある。例えば、大学キャンパスにある特殊コレクション図書館の場合は、利用者のインターネット利用はそのコレクションの主題に関係する情報資源にアクセスする目的に限られる、と言明するだろう。そのような場合、工学図書館の利用者は、娯楽目的でネットサーフィンのためにインターネット用PCを使うことは控えるよう求められる。学校図書館では、生徒は宿題に必要な範囲に調査を限定しなければならない。

　目的を狭く定め、それによってアクセスを制限するのは、非常に説得力があると思うかもしれない。需要は大きいのにPCの数は限られていたり、図書館の使命が狭く定義されていたり、または、インターネットは真面目で有意義な研究に使われていると示す必要があるかもしれない。しかし、いずれにせよ、図書館サービスに課す他の制限と同様、運用方針を作成する際には、これらの理由をよく理解し明確化することが重要である。まちがいなく市民は制限の必要性について疑問を抱くので、その理由を運用方針の中で公開する方がよいだろう。

　情報への自由なアクセスに関して、概括的な宣言を既に行っているかどうか、考慮に入れる必要がある。もし既に何らかの宣言を出していたら、インターネット上で利用者がアクセスできるものを制限することは、無制限のアクセスという図書館の明文化された方針に抵触する場合がある。目的や利用のタイプによって利用を制限することとアクセスする情報の種類を制限することの違いは、銘記しておくべきである。図書館の目的に沿ったインターネット利用をしなければならないと明言すること、そのうえで図書館はインターネット上の内容に責任をもたず、情報の内容に基づいてアクセスを制限しないと宣言した方針を採択することは、問題とはならない。情報の内容に基づいた利用制限については、次に述べる。

図書館はインターネット上の情報にアクセスすることを制限できるか？

　図書館で利用するにはふさわしくないと考えられる情報がある。性表現の情報はその筆頭だろう。しかし、他にも図書館が不適切と見なすタイプの情報がある。暴力、人種差別、性差別、その他コミュニティの大勢をしめる価値観と矛盾する価値観を奨励するものである。

　しかし、最も一般的に禁止されている資料は性表現にかかわるものである。他の利用者に見えるように性表現の情報にアクセスすることはいやがらせにあたると見なし、職員が介入するということを周知している運用方針もある。例えば、ロードアイランド州ウェストウォーリック公共図書館（West Warwick Public Library）(http://www.ultranet.com/~wwpublib/libpol.htm) の方針は、利用者は「図書館の環境ではふさわしくない情報資源があることに注意しなければならない。図書館は公的な場所であるため、スクリーンに不適切な資料が表示されている場合、図書館職員はオンラインセッションを終了させる権限をもつ」と述べている。p.120 の、ラウドン郡の囲み記事をも参照のこと。

　この問題は、非常に慎重に検討しなければならない。アメリカ合衆国憲法修正第1条は、政府が人々の見るもの、発言すること、聞くもの、眺めるもの、読むものに介入することを禁じ、市民の権利を守っている。さらに、アメリカ最高裁は1997年の通信品位法に対する歴史的な逆転判決の中で、インターネットは思想を交換する広場であり、憲法の下で保護されるべきであると裁定した。これは、インターネットの利用方針にとって、どのような意味をもつだろうか？　公的資金に支えられた図書館の場合、図書館内で市民がインターネット上で見るものや読むものに制限を課すことは、市民に対して憲法で保証された言論に政府が介入することだと解釈されるということである。公的資金に支えられるというところに注目してほしい。民間機関の図書館の場合はもう少し余地があるのかもしれない。この点は弁護士による確認が必要である。

　しかしながら、気をつけなければならない例外がある。それは、州法または連

邦法で禁止されているような表現である。例えば、多くの州に、児童に有害な情報を見せることを禁ずる青少年保護法がある。これらの法律では普通、何を有害とするかを慎重な言葉で述べている。もう一つの例外は、公立学校内での言論の自由である。教師や学校図書館員は親代わりの役割を担う――すなわち、親が不在の時親としての義務を負う――ため、児童の幸福を保証し、児童にとって最大の利益となるように決定をしなければならない。これにより教師や学校図書館員は、例えば公共図書館職員よりも、内容によって児童のインターネットアクセスを制限する許容範囲が広い。

しかし、公共図書館および公的財源で運営される大学図書館は、インターネット利用方針を作成するにあたって、資料をその内容に基づいてアクセス不可とすることには非常に慎重でなければならない。第6章では、インターネットアクセスにフィルタをかけることを検討する中で、この問題について全面的に検討する。

インターネットの双方向サービスは許容できるか？

時として図書館管理者は、インターネットサービスという情報資源を、単純に印刷媒体コレクションを拡張したものか、電子的データベースを複雑にしたものにすぎないと見なす。しかし利用者は、インターネットを単一方向の情報資源としてだけではなくダイナミックな、双方向の、刺激や娯楽のためのメディアと見なしている。実際、利用者の中には、チャットルームや電子メール、双方向ゲーム、またはオンラインショッピングなどがインターネットを始める主な動機だという人がおり、図書館の方針がこれらの双方向利用を禁止すると、彼らはかなり落胆することになる。これらの行動を不可と判断するには十分な理由があるのかもしれないが、サービスの性質や技術に関する誤った情報による決定も多いように思われる。これらインターネットの双方向利用を再検討することによって、許容される利用の限界を考えてみることにしよう。

利用者はチャットルームに入れるか？

　チャットルームは、WWWの最も大きな魅力の一つになっている。チャットルームには性的なものが多いという汚名があるが、実際は、女性の健康問題から政治や音楽、また他のインターネットユーザと「会話する」ための集まりまで、あらゆる目的の多くのチャットルームが存在する。実際、チャットルームは多くの人にとって正当な情報資源となっている。

　チャットルームは、リアルタイムに運営される掲示板のようなものである。ユーザはインターネットにメッセージを書き込めるようなソフトウェアを持ち、チャットルームにつながっている他のユーザは書き込まれたメッセージをすぐに読んで回答することができる。この技術は、タイムラグはあるが一種の会話の場を作り出している。

　さて、これらのチャットルームは、直接他の人たちとやりとりすることを可能にするこれまでにない方法である。しかし、特に有害であるようには思えない。それならなぜ、チャットルームを図書館内で利用できる範囲から除外している図書館があるのだろうか？

　それには様々な理由がある。第一の理由は、チャットルームが性表現にあふれた言論の場と同一視されているからである。その「部屋」の中で、想像上ではあるが、他人との生々しい性的な出会いがあるような多くのチャットルームがある。これらのサイトでの言論は、よく言っても予測不可能、はっきり言えば無法地帯である。そのため、性的ではないサイトも多いとはいえ、多くの人がチャットルームを性と同義語であると考えがちである。したがって、図書館のPCではチャットルームを禁止とすることによって安全な道を選ぶというわけである。しかしながら、性とは全く関係ない、幅広い互いの関心事についてやりとりしている正統的なチャットルームも数多く存在するのである。

　インターネットには児童や青少年に害を与える悪質な成人が潜んでいるという懸念から、チャットルームへのアクセスを制限している図書館もある。不幸にも、チャットルームで出会った後、直接会って児童やティーンエイジャーを誘惑しようとした恐ろしい事件がいくつもあった。また、インターネットには女性の

ふりをする男性や、若者のふりをする年輩者などもいる。仲間のように思える人物が会おうと提案してきたとき、小さい子どもは疑問をもたないかもしれない。老若問わずインターネットで出会った人物から害を受けたという話は、様々なメディアで取りざたされている。あらゆる点を検討すると、あまり保護されていない他の環境に比べれば図書館内のチャットルームで児童は比較的安全である、という議論も成り立つにもかかわらず。それでも、チャットルームを図書館のPCでのインターネットの禁止事項とすることで、多くの図書館が安全策を講じている。

　もう一つの、そしておそらく最も筋の通った懸念としては、チャットルームはそれを利用する人がPCを独り占めすることになり他の利用者が使えなくなる、ということがある。多くのWebユーザが、チャットルームは習慣になりスクリーンに貼り付いて際限なく時間を過ごしてしまう、と気づいている。他の問題でアクセス制限を選ばなかった図書館は、チャットルームのためにPCを使うことを禁止する代わりに、ピーク時以外に制限したり、「然るべき」情報要求のために利用することを求めるのを好むかもしれない。チャットルームに関してどうするか決定する前に、チャットルームで数分間時間を費やして、その利用のための技術的プロセスに親しみ、そこでどんなやりとりが交わされているか観察してみることが望ましい。

利用者は双方向ゲームを利用できるか？

　チャットルームに関する同様の問題が、双方向ゲームを検討する過程でも生じる。双方向ゲームとは、複数のプレーヤーが同時にゲームをするというものである。プレーヤーは、文字通り世界中どこにいてもよい。あるプレーヤーの動きは、他のプレーヤーの知るところとなる（または、なるであろう）。双方向オンラインゲームは非常に人気があり、特に高校生や大学生がよく遊んでいる。

　これらのゲームは暴力的な傾向があり、時として悪魔信仰や魔術などの論争を招くようなオカルト志向のテーマのものがある。この物議を醸すようなゲームの内容が、一部の図書館がゲームを問題視し、図書館内のPCでゲームを禁止する

理由の一つである。このやり方は、学校図書館ならば適切であろうが、公共図書館がこのようなゲームへのアクセスを制限するとなると、言論の自由という問題に行き当たる。利用というより内容による制限にあたるため、アクセス制限の事例となりうるからである。しかし、双方向ゲームを不適切と見なす他の理由がある。チャットルームと同じように、双方向ゲームも習慣性があり、図書館のインターネット用PCを麻痺させてしまう。ゲームの中には他のユーザと「会う」ことができるものもあり、ゲームのプレーヤーは若い人が多いので、これらのゲームを豊饒なハントの場としようとしている人もいるという理由である。しかしながら、ゲームの性質上、他人をゲームの外の世界で誘惑することは難しい。主眼はゲームをすることであって、会話ではないからである。

図書館は電子メールサービスを提供すべきか？

　電子メールについては、検討すべき事項が3点ある。第一に、図書館が利用者に電子メールアカウントを提供するかどうか。第二に、図書館のWebブラウザから電子メールが送られるのを許すかどうか。第三に、利用者が無料のWebベースの電子メールサービスを図書館で受け取ることを許すかどうか、である。

図書館は利用者に電子メールアカウントを提供するか？
　これは実際には利用が許容されるかどうかの問題ではない——図書館が提供するかどうかの問題である。が、一方、方針決定者は、図書館を利用する人が図書館のサーバに電子メールボックスを持つことを期待するかどうか見定めなければならないため、この問題も許容される利用と合わせて検討すべきである。インターネット運用方針についての調査によると利用者に対して電子メールアカウントを発行して欲しいという市民の期待が広まっているにもかかわらず、また職員がそれを期待されていると感じているにもかかわらず、実際にそうしている公共図書館は極めて少ない。付加的なサービスであるにもかかわらず、特にローカルなインターネットプロバイダが他にない地域ではなおさらであるが、電子メールサ

ービスの提供は職員の労力と図書館資源をかなりつぎ込む必要がある。一方、大学図書館の親組織にはしばしば、電子メールボックスを設置する方針があり、初等および中等学校では、学校または学区のサーバで学生の電子メールアカウントを管理することを図書館の業務としているところも多い。

利用者はWebブラウザから電子メールを送れるか？

　NetscapeやMicrosoft Explorerのようなブラウザソフトは、そのほとんどがブラウザの中から電子メールを送信することができるようになっている。ブラウザの設定でメールを送れるようにするかどうかを選択できるのだが、多くの場合利用者は、比較的単純な操作でブラウザを設定し電子メールを送ることができる。このことの利点の一つは、利用者がWebページの情報をダウンロードしたり印字したりせずに、自分の電子メールアカウントに送信することができるため、関係者の誰にとっても——少なくともアカウントを持っている人には——より手際のよい方法だということである。

　しかし、メールをブラウザから送るということには問題もある。一つは、受信する方法がないことである。また、利用者は実質的に匿名で電子メールを送ることができる（メールにはメールセットアップファイル上の電子メールアドレスおよび図書館のドメインネームが付けられて送信される）。利用者がジャンクメールや失礼なメールを利用者用PCから送ったという事例も多い。このようなことが起こると、メールを送った人をつきとめるのは非常に困難である。

利用者は図書館でWebベースの電子メールを利用できるか？

　今やWebにはYahoo MailやHotMailなど無料の電子メールアカウントを提供しているところが多く存在する。利用者は、このようなものを使ってフリーの電子メールアカウントを設定することができる。利用者がそうするのを制限する理由は、ほとんどない。第一に、このようなサービスは図書館のサーバではなくプロバイダのサーバに置かれるのである。第二に、セキュリティの問題は全くない。利用者は別のWebサイトを見ているだけなのだから。

telnetの利用は容認できるか？

　かつて、World Wide Web 以前の時代には、telnet はネットサーフィンをするためのコマンドの一つであった。telnet でアクセスできないサービスは限られていた。WWW の進展によって、実質的にすべての情報資源が Web ブラウザを通してアクセスできるようになったため、この問題は、今日ではかつてほど重要ではない。しかし一部のサイトは telnet 経由でないと利用できないため、少なくはなったものの、未だに利用者に telnet アクセスを許可する必要性は残っている。ネットワーク管理者によってリモートシステムにアクセスする権限を与えられた利用者は、リモートサーバで何らかの機能を実行しようとすれば telnet 経由でシステムに入ることになる。一部のシステムの場合、電子メールボックスへのリモートアクセスも可能になる。しかしながら、telnet アクセスを認める最大の理由は、図書館目録を利用するためである。未だに telnet でしかアクセスできない場合も多いからである。

　telnet アクセスを提供することは、かつてほどの問題ではない。それは第一に、telnet は（Web ブラウザと同じく）PC にインストールされた別のクライアントソフトウェア機能に過ぎず、システムにセキュリティ上の問題をあまり起こさないからである。それでも、telnet がセキュリティの危険をひきおこす状況もひき続き存在している。それは、利用者が Unix プロンプトにアクセスすることを許されている場合である。自館の利用者にどのレベルのアクセスを提供しているのか確実でない場合、システムのセキュリティを分析する技術的専門知識をもった人にアドバイスを求めるべきである。

　ほとんどすべての公共図書館と学校図書館、そしてほとんどの大学図書館では、既に telnet アクセスを中止している。同じことが ftp（file transfer protocol）の利用でも同様である。ftp は利用者があるサーバから別のサーバに直接ファイルを転送するためのものである。これらのツールは、システムオペレータ、プログラマなどにとってはなくてはならないものだが、図書館利用者が情報検索をするときにはめったに利用されない。

これまで何ページかにわたって述べてきたような行動を防ぐソフトウェアを、図書館のPCにインストールして用いることができる。このソフトはプロトコルブロッカーと呼ばれ、機能はフィルタソフトと似ているが、内容ではなく機能によって利用者のアクセスを制限する。しかし、チャットルームのサイトはインターネットを基盤としているので、プロトコルブロッカーによってそれらのサイトをブロックすることはできない。チャットルームをブロックするためには、図書館はそのIPアドレスをブロックするしかない。

図書館のインターネット接続は商取引のために利用できるか？

　許容される利用に関する方針作成過程でもう一つ検討しなければならないことは、利用者がインターネットを通じて商取引をするために図書館のPCを用いることを許すかどうか、である。これは最初、単純な問題に見えるかもしれない。しかし、いささか手を焼く問題である。多くの図書館がそうしているように、このタイプの活動を禁止事項とすることを選んだ場合、商取引とは何を意味するかを明確にしておくべきである。確かに、大学のサーバを使って製品を売るためのWebページを立ち上げることは明確な違反であり、公共図書館のPCを使って製品やオンラインのサービスを注文したり支払いをしたりする（多くの図書館で、購入の金銭的義務が生じることを恐れて、このような行動を特に明記して禁止事項としている）ことも同様である。インターネット用PCを使って履歴書を送信する利用者についてはどうだろうか？　それは違う、と答えるだろうか？　おそらくそう答えるだろう。では、その人が自営業のコンサルタントだったら？　図書館でインターネットの商業的利用を禁じるのは、確かに合理的な方針である。しかし図書館職員は、商業的活動とはどういう意味か、どんな場合に職員が介入すべきか、明確に理解していなければならない。

ファイル、ディスク、ディレクトリアクセスについて

　関連の検討事項として、利用者がファイルを開いたり修正したり保存したりするために、ハードドライブまたはネットワークドライブにアクセスできるか、という問題がある。運用方針でソフトウェアのダウンロードを禁止している場合、利用者にはハードドライブにアクセスさせたくないだろう。反対に、ソフトウェアのダウンロードが認められている場合、FDにしかダウンロードできないとしないのであれば、ハードディスクへのアクセスも提供したいと思うだろう。しかし、利用者によるハードドライブへのアクセスを認めるのはトラブルの元であるということを、憶えておくべきである。明らかに主な問題はセキュリティである。利用者はファイルを開いたり、削除したり、移動したり、コピーしたりできるし、ソフトウェアをコピーすることもできるし、おそらくシステムの設定を変更することさえできてしまうだろう。図書館はパスワードによってハードドライブへのアクセスを防ぐこともできるが、並のコンピュータスキルをもっている人なら、やろうと思えばそれを突破できる。利用者によるこのような行動は、システムの保全を破ろうとする試みと見なされるだろう。

　第3章でFortresなどのセキュリティソフトについて検討した。それは、図書館職員がハードドライブやフロッピードライブなどPCの特定の装置にロックをかけられるようにするためのものである。自館の方針に従い、これらを導入するかどうか検討するとよい。

特定のファイルをアクセス禁止にするか？

　ハードドライブへのアクセスを特別に禁止したいのと同様に、利用者が図書館の館内ネットワークにアクセスすることを禁止したいと思うかもしれない。これはインターネット用PCに特有の問題である。インターネット用PCはしばしば外部アクセスの目的で図書館LANに接続されているために、例えば、利用者が共有ドライブのファイルにアクセスしたり、パスワードを見つけて図書館の内部ファイルに到達したりすることが可能になる。このようなことが起こると、利用

者は閲覧室のインターネット用PCの前に座りながら、職員の個人ディレクトリから取りだしたメモを読むことも可能である。

　このようなことを防ぐために処置する技術的方法もあるが、アクセス制限の侵害は図書館の利用方針違反と見なされることを、明白に方針で述べるのが賢明である。

アップロードやダウンロードは認められるか？

　利用者が自分のソフトウェアをインターネット用PCにロードしたり、これらのPCをインターネットアクセス以外の目的で使用したりすることを認めていない方針もある。そのような方針を作成した図書館管理者は、マシンに入っている他のソフトと相容れないソフト（アップル社製コンピュータに特有の問題）や、ウィルスを持っているソフト、ディスク容量を占領してしまうソフトを排除することによって、マシンに障害が起こることを防ごうとしているのである。しかし、ファイルを見たり聞いたり読んだりする場合、事前にそのWebサイトからPCにソフトウェアをダウンロードすることを要求するマルチメディア機能をもったサイトが数多く存在する。例えば、http://www.bobdylan.com というサイト——シンガーソングライターのボブ・ディランについてのサイト——は、ディランの多くの曲が聞けるようになっているが、それは特定のアプリケーションソフト（RealAudio——オーディオ機能のための標準的ソフトウェアで、利用者に提供を始める前にマシンにインストールしておくべきかどうか、議論の余地がある）をローカルハードドライブにダウンロードしてインストールしなければ、聞くことができない。そのソフトウェアは、通常は無害で場所も少ししかとらない。しかし、利用が済んだ後も、特別に削除しない限りマシンに留まるのである。したがって、図書館の運用方針がソフトウェアのダウンロードを禁止するのならば、このようなサイト——例外というよりはむしろ一般的なものだが——は利用者にとって意味がないものになる。そしてこれらのサイトこそ、非常に刺激的で面白いために、ほとんどの人が見たいと思っているサイトなのである。

　RealAudioのようなアプリケーションは「プラグイン」と呼ばれるが、インタ

ーネットのマルチメディア要素を見たり聞いたりするのに必要なものであり、比較的近い将来にインターネットでは当たり前のものになるかもしれない。図書館は、プラグインについて最新の情報を得て、系統的にこれらの資源をマシンにロードし、現在は導入していない種類のソフトウェアをダウンロードするよう要求するWebサイトの利用に対応できるように、計画を立てるべきである。

　最後に述べた問題を扱うための一つの方法は、インターネットから実際にソフトウェアをダウンロードするときに図書館職員に許可を得るよう、利用者に求めるというものである。これによって職員は、適切なディレクトリにファイルをダウンロードしたり、定期的にファイルを見ることによってどのプラグインが利用できるかを把握したり、古いプログラムを更新し不要なプログラムを削除したりすることができる。もちろん、そのためには一部の職員に何らかの技術的能力が必要だし、職員に追加の負担を課すことになる（これは常に慎重に検討しなければならない）。

利用者は自分のFDを使ってよいか？

　システム保全に関する基本的な問題の一つに、利用者に図書館のPCで自分のFDを使わせるかどうかということがある。ほとんどの図書館では、インターネットにはびこっているウィルスに対する懸念から、許可していない。ウィルスの一部はかなりのダメージをもたらすが、多くのものはいらいらさせられるだけである。しかしいずれにせよ、ウィルスはすべて問題を起こすのである。利用者が自宅からFDを持ってきて図書館のコンピュータで使うと、図書館のコンピュータやネットワークがウィルスに感染する危険が増す。カンザス州ローレンス公共図書館の運用方針（http://www.ci.lawrence.ks.us/iag.html）は、次のように述べている。

> ファイルを保存したいときにはレファレンス担当図書館員に申し出なければならない。FDは、レファレンス担当図書館員から最低価格で買うことができる。自分のFDを使用してはならない。（これは、インターネットアク

セス用PCにウィルスが入り込む可能性を最小限に抑えるための措置である。ウィルスが入り込むと、それ以後利用する人にも被害が広がる可能性がある。）

　この方針は免責事項も含んでおり、そこでは利用者が図書館のPCを使用するときウィルスの危険が全くないわけではない、と述べている。
　利用者に敢えて自分のFDを使わせるのであれば、最初にウィルススキャンのためにFDを提出させるのはよい考えである。スキャンを職員が行うこともできるが、時間がかかる作業であり、職員がウィルスを見つけてもそれを除去できなければ、利用者はそのFDを使うことができない。しかしながら、実際のところ、絶対安全なウィルススキャンソフトはないのである。
　もう一つの解決策は、図書館内でディスクを販売することである。FDは比較的廉価であり、通常は1ドル以下で、しばしばそれよりずっと安く買える。この方法では、図書館はウィルスの危険が非常に少ないフォーマット済の新しいFDを販売することができる。例えば、アイオワ州シーダーフォールズ公共図書館（Cedar Falls Public Library）（http://www.ci.oswego.or.us/library/cedar.htm）は、利用者に次のように指示する。「ファイルを保存したいときはレファレンス担当図書館員に申し出なければならない。FDは、最低価格で買うことができる」。

利用者は図書館と無関係のソフトウェアを使えるか？

　もう一つの懸案事項は、利用者に自分のソフトウェアを使うことを認めるかということである。ほとんどの図書館では認めていない。そして多くの図書館がこの点をインターネット運用方針の中で、インターネット利用に直接関係ないが重大なリスクだからであると明確に述べている。図書館がコンピュータ自体の利用を提供した場合、利用者がソフトウェアを持ち込む様々な合理的理由が生じるだろう。しかし、それがインターネットとなると、ほとんどの方針は――イリノイ州ブルーミングデールの方針（http://www.xnet.com/~bdale/inetpol.htm）と同様――「インターネット用PCはインターネット利用のみに使用するものである。利用

者は個人的なソフトウェアを使用してはならない」のようになるのである。

ダウンロードを認めるか？

　インターネットからの資料のダウンロードは、いくつかの観点から、この新しい情報メディアへのアクセスを利用者に提供するという点で、インターネット利用そのものといえる。しかし、ダウンロードを認めると若干のリスクが生じる。まず、図書館のインターネット用 PC にウィルスが発生する危険が常につきまとう。PC のハードドライブにダウンロードするときはなおさらである。加えて、インターネット上のファイルは多くが非常に大容量である。それらのダウンロードは、図書館の接続が遅いときは特に、PC を長時間独り占めすることになる。それに著作権の問題もある。一部の図書館は、利用者が著作権のある資料の不正コピーを防ぐために、ダウンロードに消極的である。

　多くの図書館が採用している方針は、フォーマット済のFDを販売する、ウィルスチェックをする、ハードドライブへのダウンロードを禁止する、ダウンロードするときのファイル容量を制限する、利用者に著作権法を思い出させる、などである。例えば、ジョージア州ピーチトゥリー市図書館（Peachtree City Library）(http://www.geocities.com/Athens/9755/rules.htm) は、「World Wide Web または telnet からの資料の印刷またはダウンロードは、著作権や不正使用の一般的概念を冒さない限り奨励される。FD に資料をダウンロードすることは自由である」としている。この方法では、図書館のリスクは最小限に抑えられ、利用者はインターネットから入手した情報を家に持って帰るという利点を十分に享受できる。

利用方針をどのように成文化するか？

　さて、これらの問題について個別に検討し自分なりの決定を下したところで、方針を書き上げる必要がある。方針を書くには、他のモデルもあるが、通常次のような方法がよくとられる。

方針作成のための三つの異なる方法
 1. 方針には詳細で具体的な二つのリストを掲載する。一つは図書館で許容される利用であり、もう一つは許容されない利用である。
 2. 何が許容されないかだけを述べ、明らかに禁止されていないことは許容されると利用者に推測させる。
 3. 図書館におけるインターネットサービスの目的を広く一般的に述べ、何が許容されないかについてのより具体的な詳細に続ける。

　この三つのうち、どれが最もよいアプローチなのだろうか？　「正しい」答えはない。所属機関の管理当局の好みや、職員の能力、組織の雰囲気によって変わるのである。広範な方針では解釈や実行の許容範囲が広く、具体的な方針は実行マニュアル作成の明快な基礎となる。
　4-1～4-4は、異なるアプローチの例を挙げたものである。4-1には、デンヴァーのインターネット運用方針を全文掲載した。デンヴァーの方針のオンラインバージョンでは、次に進む前に利用者は「同意」「不同意」のボタンのいずれかを選ぶようになっている。デンヴァーの方針は目的に関する広範な宣言を示し、その後に許容されない行動の具体的なリストが続く形になっている。チャットルーム、電子メール、およびインターネット以外のPC利用は認めていない。ファイルのダウンロードや商取引を目的とするマシン利用のような、その他の利用は許容される、と推論してよいだろう。ナッサウ・コミュニティ・カレッジの運用方針を4-2に示したが、この方針に示す許容されない利用の一部は、第5章で検討する内容を先取りしている。許容される利用を非常に広範かつ簡単に述べた方針の例として挙げたが、許容されない利用については非常に具体的である。さらに、4-3の「インターネット宣言」は、許容される利用と許容されない利用を具体的に数箇条引用した、混合的な例である。FDへの情報のダウンロードおよび図書館が認めたゲームは許容できる、チャットルームやソフトウェアのダウンロードや認めていないゲームは禁止される、と明確に述べている点に注目されたい。

最後に、かなり長文の、許容される利用に関する宣言を見てみよう。4-4はブラウン大学の運用方針だが、非常に具体的で、許容される利用と許容されない利用を一つのリストに混在させている。この方針――多くの大学と同様、図書館のというより親機関の方針である――は、その長さや徹底していることだけではなく、二、三の例外を除いて、すべての宣言文が否定文ではなく肯定文であるという理由で注目に値する。ブラウン大学は、政治活動や礼儀のような、本書で取り上げなかった観点からの適切なあるいは不適切な利用についても定めている。

　これらの例を読むと気づかれるだろうが、許容される利用とされない利用の間に、きっちりと線を引くことはできない。本章では、何を許容される利用と見なすかの決定を下せるよう、いくつかの問題点を検討した。第5章では、多くの図書館で許容されないと見なされている行動をいくつか取り上げ、運用方針でどのように利用制限について述べているか、および利用者が図書館の方針を侵害したときの対処についてより掘り下げて、検討する。

4-1　　　　　公共図書館向けの広範な利用方針

デンヴァー公共図書館（Denver Public Library）における
インターネット

　デンヴァー公共図書館は、インターネットで利用できる情報を管理することはできず、その内容に責任を負わない。インターネットには、様々な資料や多様な観点からの意見が含まれている。インターネットで提供される情報がすべて適正、完全、最新というわけではなく、中には不快なものもある。

　図書館内のコンピュータを使用する人は、会話グループ（「チャットルーム」）や電子メール（e-mail）サービスを含むインターネットの電子的コミュニケーションのいかなる形態も使用してはならない。コンピュータは文書作成やその他の事務用機能のために使用してはならない。この中にはWebページの設計・維持も含まれる。

出典：デンヴァー公共図書館（http://www.denver.lib.co.us/ipolicy.html）

4-2　大学向けの広範な利用方針

ナッサウ・コミュニティ・カレッジ（Nassau Community College）におけるコンピュータ設備の利用方針

　ナッサウ・コミュニティ・カレッジは、機関の学術研究および教育活動に資するため、コンピュータ資源を提供する。この資源は、大学の教員、職員、学生およびその他の正当な利用者のみの利用を意図している。コンピュータ資源には、ホストコンピュータシステム、PCおよびワークステーション、コミュニケーションネットワーク、ソフトウェア、ファイルを含む。

　ナッサウ・コミュニティ・カレッジは、コンピュータシステム、ワークステーションおよびラボ機能の完全性を保持するために、コンピュータ資源を監視する権利を有する。

　個人に対して発行されたアカウントは、その個人にのみ利用されるものであり、譲渡してはならない。

　アカウントの保持者は、割り当てられたアカウントの使用について全面的に責任を負う。

　次に掲げるような行動は、非倫理的かつ不適切な行動の例であり、州法や連邦法の侵害にあたる場合もある。

- システムのソフトウェアやハードウェアの設定を変更すること
- 許可なく他人のアカウントや個人ファイルや電子メールにアクセスすること
- 電子的コミュニケーションにおいて、他者になりすますこと
- 著作権法やソフトウェア使用契約を侵害すること（「ソフトウェアの使用：大学コミュニティにおけるソフトウェアの倫理的・合法的使用ガイド」を参照）
- 大学が契約したサービスの定められた規則や条件を侵害すること
- 他人にいやがらせや脅迫をするためにコンピュータ資源を使用すること
- 大学当局が書面で与える許可なくして、商用または営利目的のために大学のシステムを使用すること
- ラボまたはシステムの方針、マニュアル、およびプロトコルに違反すること（ワークステーションの使用時間制限など）

　コンピュータ資源に対し、大学の方針および規則、州法および連邦法を適用しうる。侵害の申立ては大学の方針によって処理される。その処理過程は学生ハンドブックおよび雇用に関する方針やマニュアルに示されている。

出典：ニューヨーク州ナッサウ・コミュニティ・カレッジ
　　　（http://www.sunynassau.edu/policies/labpol.htm）

4-3　公共図書館向けの具体的な利用方針

AACPLインターネット宣言

　アン・アランドル・カウンティ公共図書館（Anne Arundel County Public Library）は、あらゆる年齢層の住民が、疑問に対する適切な答えを入手できるように、また、個人的な娯楽や学習のために手軽に情報資源を利用できるように、インターネットへのアクセスを提供する。

　インターネットは統制されていないメディアである。インターネットで提供されている情報のすべてが、最新、適正、完全なわけではない。アン・アランドル・カウンティ公共図書館は、目まぐるしく警告もなく変わっていくインターネット上の資料の内容を、管理したり監視したりすることはできない。

　保護者の方へ：インターネット上の資料には、不快なものがある。インターネットには、子どもには見せたくないと保護者が思うようなものもある。子どもに対するインターネット利用についての指導をお願いする。図書館には、子どもと共に情報ハイウェイを安全に乗り切る助けとなる資料（「情報スーパーハイウェイにおける子どもの安全」）がある。

　利用者は、図書館の装置やソフトウェアを改悪、損傷または欠陥を生じさせないという条件で、目録およびインターネットからの情報にアクセスするために、公共情報ステーションを利用することができる。

　他の利用者が待っているときには、コンピュータの利用制限時間を30分とする。この制限は、空いている時間帯より混雑する時間帯において、厳しく適用する。コンピュータの独占を招くおそれがあるので、チャットルームへのアクセスは禁止する。コンピュータゲームについては、図書館が認めたゲーム以外は禁止する。

　FDへの情報のダウンロードは認められる。FDは、図書館職員から買うこともできる。

　インターネットから図書館のコンピュータに、ソフトウェアをダウンロードしてはならない。

　職員は、利用者の電子メール利用を援助するための訓練は受けていない。

出典：メリーランド州アン・アランドル・カウンティ公共図書館
　　　（http://web.aacpl.lib.md.us/disclaim.htm）

4-4	大学向けの具体的な利用方針

適切な利用者行動のためのガイドライン

　次のリストは、完全ではないが、責任ある倫理的な行動の具体的なガイドラインを示している。

1. 自分が使用権限をもっているコンピュータ、コンピュータアカウント、およびコンピュータファイルのみを使用すること。他人のIDやアカウントを使用したり、他人のパスワードを盗用または類推して使ったりしてはならない。利用者は個々に、自分に割り当てられた資源の利用に関して全責任を負う。したがって、アカウントの共用は厳に慎むべきである。

2. 大学内外で使われているコンピュータまたはネットワークに関して決められたガイドラインに従うこと。例えば、本学の公開コンピュータ群を使用する個人は、そのコンピュータ群に関して決められた方針を遵守しなければならない。また、外部ネットワークを通じてキャンパス外のコンピュータにアクセスしている個人は、ネットワーク使用を管理する方針と、それらのコンピュータの所有者が定めた方針に従わなければならない。

3. 定められた大学管理者が認めない限り、OS、セキュリティソフト、アカウンティングソフトの制限された部分にアクセスを試みてはならない。コンピュータへの侵入は、たとえ当該コンピュータの保護が貧弱な場合でも、明らかにインターネット使用規則違反である。

4. すべての州法または連邦法を遵守すること。

5. プライバシーおよび他人の権利を尊重すること。他の利用者の電子メール、データ、プログラムその他のファイルに許可なくアクセスしたり、それらをコピーしたりしてはならない。教室外の課題の剽窃または盗用に関するコミュニティ行動の綱領的ガイドラインおよび学術規則は、他の種類の課題に適用されるのと同じように、コンピュータを使って作成される学科の課題に適用される。本学は、以下に示すEDUCOMおよびADAPSOによるソフトウェアと知的自由権についての宣言を支持する。EDUCOMは高等教育における情報技術の利用と

管理にかかわる非営利の大学間コンソーシアムであり、ADAPSOはコンピュータソフトウェアおよびサービス産業の協会である。

「知的労働や創造性を尊重することは、学術的な表現活動や事業の命である。この原則は、あらゆるメディアの著者および出版者にあてはまる。ここには、知的貢献を知らせる権利、プライバシーの権利、出版および配布の形式や方法や条件を決める権利が含まれる。」

電子情報は可変性が高く複製が容易であるため、他人の成果や個人的表現を尊重することは、コンピュータ環境において特に重要である。剽窃、プライバシーの侵害、海賊版へのアクセスまたは企業秘密や著作権の侵害など一個の著作物を損なおうとする行為は、学術コミュニティのメンバーに対する制裁の根拠となる場合がある。

6. 適用される著作権法およびライセンスに従うこと。公共のドメインに置かれていないソフトウェアや、「フリーソフト」または「シェアウェア」と書かれていないソフトウェアを複製することは、大学の方針と法律のどちらによっても明らかに禁止されている。

7. 他人とのコミュニケーションにコンピュータシステムを使用するときは、礼儀をわきまえること。他人に個人的メッセージを送るときは、常に送り手である自分は誰なのかを示すこと。本学のコンピュータ資源を用いて故意に他人へのいやがらせを行うことは、明確に禁止する。

8. 他人の要求に注意を払い、コンピュータ資源を使用する際には公正に配慮すること。例えば、中央コンピュータまたは公開コンピュータ群など共用資源を使用する者は、要求が最も多い時間帯には最重要なタスクに限るべきである。重要でないメッセージを膨大な数の個人に広報したりチェインレター*を送ったりすることは、ネットワークの混雑を招き他人の作業を妨げる行動の例である。したがって、これらの行動は認められない。

9. コンピュータ資源および電子情報を、価値ある大学の資源として扱うこと。自分のデータおよび自分が使用するシステムを保護すること。例えば、定期的に自分のファイルのバックアップを取ること。適切なパスワードを設定し、定期的にそれを変更すること。自分のファイルに対して設定したアクセス権限を、確実に理解しておくこと。計算機設備、ネットワークおよびソフトウェアを破壊したりダメージを与えたりしないこと。ウィルスを故意に本学のコンピュー

タ環境に持ち込んだり、本学のネットワークを通じて他のコンピュータ環境に持ち込んだりすることは、大学の基準や規則に違反する。

10. 本学のコンピュータ設備は、大学に関連する活動のために使用すること。本学の免税地位を危険にさらすような行動は、禁止する。

    個人的利益の取得：本学の計算機資源を個人的な利益取得のために使用するには、前もって許可が必要である。詳細はコンピュータおよび情報サービス担当副学長に問い合わせること。

    政治活動：政治活動のために本学の資源を使用する際の行動の可否について、ブラウン大学学生ハンドブックの「政治活動のガイドライン」を参照。

11. コンピュータ環境について、知識をもっておくこと。新しい製品が導入されたり時代遅れになったりと、コンピュータ環境は変化を続ける。利用者の数や要求が変わるにつれ、サービスも変わっていく。本学は、ログオン時のメッセージ、利用者に読むように促す一般的ニュースアイテム、特定のコンパイラやソフトウェアパッケージに付属のニュースアイテム、ソフトウェアに関するオンライン文書、方針およびマニュアル、ニュースレター、時には個人に送られる手紙など、様々な方法で情報を発信している。利用者はコンピュータ環境の変化に関して知識をもっておく責任があり、本学のコンピュータ環境の変化に対応することが期待される。

出典：ブラウン大学（Brown University）
　　　（http://www.brown.edu/webmaster/TM009.html）

＊　連鎖的に受け取った人が別の人に手紙（メール）を出すように意図した手紙（メール）。『不幸の手紙』のようなもの。ネットワークトラフィックがねずみ算的に増加する。

第5章 禁止事項と違反に対するペナルティ

　第4章では、図書館で許容される行為に何が含まれるかを決定するプロセスを検討した。しかしながら、利用規則の多くの例は、何が図書館で禁止されるかについても示している。禁止事項は、単に許容される利用の正反対としていいのだろうか。利用方針に含まれていないものは、自ずから禁止と考えていいのだろうか。その答えは、ときどきは正しいが常にそうではないということになる。多くの図書館が、図書館で黙認できない行動を明確に規定し、図書館の規則を破った際の罰則を明確に示している。前章で見たように、多くの図書館が利用方針と、禁止事項を共通の文書（しばしば単に「利用方針」と呼ばれる）の中で結合させているが、これらを区別し、インターネット運用方針の中で別個の部分として提示する図書館もある。

　結局、許容される利用と、禁止であり結果として利用者登録を抹消されることもある事項との区別をどの程度厳密にするかという問題に行きつく。例えば、インターネット利用に名前の記入を求める利用規則もある。しかし、ほとんどの図書館では予約なしでPCを利用できる。予約をしてまで待つ者はいないと考えるからである。一方禁止事項として、いかなる目的であれシステムのセキュリティを故意に破ることを禁じ、その侵害に対して利用資格の剥奪と刑事罰の可能性を示すところもある。大学では、違反者はその組織から放逐されることもある。禁止事項に関する方針は、単に図書館規則だけでなく、より上位の規則――民法や

刑法や親機関の方針——に違反してはならないとしばしばくり返すことになる。

図書館はどのような利用を禁止するか？

　この章では、図書館の運用方針において明確に禁止されることがきわめて多い要素や禁止事項にそれらの要素を含める理由、違反した場合の処置の範囲、禁止事項の例を見る。次のことがらを取り上げる。

・著作権の侵害
・不実表示
・違法な言論、憎悪表現、いやがらせ
・非合法活動
・性的に露出度の高い資料の閲覧、表示、送信
・セクシャルハラスメント
・商業活動
・システムセキュリティと利用者のプライバシーの侵害

著作権の侵害
　図書館は、図書館資料の著作権者の権利を保護する義務をもっている。著作権侵害の誘惑が強く、侵害の機会も多くあり、著作権を守らせるメカニズムは弱いので、図書館利用者による著作権法違反は、今まさに行われているおそれがある。この行為の最も一般的な例は、著作権法で認められた範囲を超えて図書館資料をコピーしてしまうことであろう。この理由から、図書館は、著作権法で保護された資料の許容以上の複写は連邦法の侵害であることを利用者に通知する警告を複写機に貼付しているのである。
　図書館の中には、このような警告状をインターネット用のPCやプリンタにも貼付し始めているところもある。なぜならば、標準的なインターネット閲覧用ソフトを使用すると、きわめて容易に連邦著作権法の違反を招きかねないからであ

る。だが、この本の執筆時にも、電子的に利用可能な著作権法で保護された資料の利用にさらなる制限を課すようにこれらの法律は修正されている。現在、インターネットから画像やその他の著作権法で保護された資料をダウンロードし、その画像を再利用、保存、配布することは簡単である。しかし、そのほとんどのケースが、著作権者の権利の侵害であり、違反者は著作権法を根拠に告発される可能性がある。だが、図書館にも同様に責任があるのだろうか。確実ではないが、新法ではオンライン資料に関する公正利用の範囲が著しく限定されることが想定されている。

ほとんどの図書館は、図書館利用者が図書館資料の利用時に著作権法に違反するのを防ぐために図書館の権限で合理的にできることは何でもした、と表明できることを望んでいるだろう。インターネット運用方針に、利用者は著作権法に違反してはならず、その方針に違反した場合に罰則があるという項目を加えるのも一つの方法である。実際、著作権侵害は禁止事項の最も共通する項目の一つである。図書館が学生や教員に対し図書館のサーバにWebページを開設することを許可する場合に特に重要なのは、そのようなWebサイトで、著作権者の許可があることを表示せずに著作権のある資料を利用してはならないと、はっきりと示すことである。

不実表示

1990年代初期の一こま漫画で、コンピュータの前にお座りをしている犬が他の犬に話しかけているものがあった。その漫画の吹き出しには「インターネットでは、誰も君が犬だなんて知らないね」とあった。インターネットのこうした民主的な性質は、多くの人々が認めている。おそらく、例えばメーリングリストやニュースグループの利用者は、人種や年齢、社会経済的状態、時には性別さえ判断することはできないので、見かけの特徴よりもむしろコメントの真価により判断される。

だがこの潜在的な匿名性は、あまり立派ではない目的のために利用する者がいるという、インターネットのより暗い側面をももたらす。多くのレポートによ

り、他の誰かを傷つけたりや詐欺、横領、誘惑などの意図をもってインターネット上で自分を偽る者がいることが知られている。これらのレポートによれば、電子メールを他の誰かが送ったように見せかける者がいたり、例えば年齢や性別を隠すために他人のふりをして人物欄に記載したりする者がいる。より技術的に洗練され、悪意をもった侵害者は、システムその他のセキュリティを侵害するために虚偽の身分証明を使うことさえ試みている。

　図書館のインターネット用PCで、自分自身の身分を偽って利用することを禁じる運用方針を採用した図書館もある。禁止事項にそのような項目を採用するかどうかは、図書館が電子メールのアカウントを利用者に提供するか、利用者に図書館からの電子メールの送受信を認めるか、利用者がニュースグループやメーリングリストに参加するのを許容するのか、チャットルームに入室させるのか、などによっても部分的には決定される。もし、これらを認めなければ、利用者が図書館からの接続を使って、自分自身の身分を偽ったメッセージを送信する機会はほとんどなくなるからである。

違法な言論、憎悪表現、いやがらせ

　不実表示と類似の問題であるが、禁止事項では、インターネット用PCで認められない言論とは何か定義することになる。言論は微妙な問題である。図書館員は憲法上保護されている利用者の言論、したがって実質的にはすべての言論に対して何らかの制限をすることに、当然のことながら慎重だからである。だが、合衆国憲法の修正第1条によっても保護されないタイプの言論は存在する。例えば、合衆国大統領の生命を脅かすのは違法である（だが、一般的に政府の暴力的転覆を主張することは違法ではない）。多くの州では、インターネットを通じて未成年者に「有害な」資料を送信することも違法である。

　利用者が図書館のインターネット用PCから電子メールを送信すること、図書館のサーバに電子メールのアカウントを持つこと、Webページを開設することを、図書館が認めるならば、図書館の資源を利用して、連邦法や州法に違反するような言論の送信や配布は禁止であることを宣言した方がよいかもしれない。

他の違法行為

　違法行為のために図書館の資源を利用してはならないと述べなくても、支障はない。とはいえ、違法行為が図書館の禁止事項で特定されていることが多い。それでも示すことはできるが、違法行為について言及することで、図書館は違法行為を容赦しないし、実際はそのような利用を積極的に禁止していると宣言することができる。

　図書館利用者がかかわる可能性のある違法行為（著作権法違反や、脅迫、その他のこれまで述べてきた行為以外）には、麻薬やそれ以外の規制された物品の売買や、売春、ギャンブルなどを目的とする電子メールの利用や、コンピュータシステムのセキュリティを侵害する試み、海賊版ソフトのダウンロードや提供、他のコンピュータシステムに対する破壊行為などがある。

性的に露出度の高い資料の閲覧、表示、送信

　図書館のインターネット用 PC を介したわいせつ物やポルノへのアクセスに関する図書館の決定については、多くのことが書かれ、言われてきた（第6章のブロッキングソフトやフィルタソフトの利用を参照）。フィルタを用いないと決定し、資料の種類によってアクセスを制限しないと提示した図書館でさえも、図書館内でのわいせつ物の利用には制限を課したいとか、禁止事項でそのような制限に言及したいと考えるかもしれない。

　これは矛盾しているように思えるし、図書館の利用方針と禁止事項の間で矛盾がある場合もある。しかし、図書館は、自由な利用という方針とは相容れない性的に露出度の高い資料について当然の関心をもつかもしれない。最も重要なことは、すべての言論が憲法で保護されているわけではないということである。多くの州に、未成年者（一般には18歳以下と定義されている）にある種のわいせつな資料を公開することを制限する法律がある。一般にこれらの法律は、そうした資料に未成年者に「有害」とのレッテルを貼り、その性質について比較的明確な定義を示している。テキサス州の法律がこれらの法律の代表例であるが、「有害」な資料についての非常に慎重で限定的な定義が特徴的である。

「有害資料」とは、以下に示したものが全体として優勢な資料を意味する。
(A) セックス、裸体、排泄物などで未成年者の性的好奇心を刺激する。
(B) 何が未成年者にふさわしいかについての成人全体に普及している通念に、明らかに反している。
(C) 未成年者に対する社会的価値観を全く省みない。

これらの法律は州ごとに少しずつ異なるが、一般的には、制限される資料の種類を明記し、かつその制限の性質を明記している。また、司法審査によって支持されている連邦法では、性的行為にある18歳以下の者を描写する資料は、憲法により保護されない。さらに、これまで記述した制限は、現在はいくつかの州にしか見られないが、これに非常に類似した連邦レベルの禁止令を制定しようという試みもある。

禁止事項に次のような文言を入れることによって、州や連邦の法律に違反するような資料に言及することができる。「未成年者に有害な資料の販売、展示、配布を禁止する州の法律に違反すると考えられるような方法で、図書館資源を利用することは禁止される」。

この「肩をたたいて注意する」ようなやり方の唯一の問題は、不適切なものを見ていることにたまたま気がついた図書館職員の裁量や解釈に、すべて委ねられてしまうということである。極端なケースとしては、これが結構手軽に行われてしまったり、実際は憲法上保護されている言論であるにもかかわらず図書館職員が「有害」と考えてしまうこともあるだろう。結局、今私たちが検討している類の資料は、数十年間にわたって司法判断が変動してきたものなのである。判事たちが、今や現代文学の代表作と考えられている資料――ジェームズ・ジョイス(James Joyce)の『ユリシーズ(Ulysses)』やアレン・ギンズバーク(Allen Ginsberg)の詩である『ハウル(Howl)』など――をわいせつ資料だと見なしてきたことを思い出してみよう。図書館職員はこの相違について説明する専門的な知識をもっているのか？　たとえその知識があったとしても、禁止事項にそのような条項を盛

り込むことで、公の場でそのような資料を見てはいけないと伝えたら怒ったり規則を破ったりするかもしれない利用者に規則を守らせる、という不運な役割を図書館職員に押しつけることになる。運用方針のこの点は、実施する前によく精査し、熟慮をしなければならない。

　もう一つ、職員による図書館のインターネットを介した性的に露出度の高い資料へのアクセスという問題がある。これも、他の問題と同様に論争を招くものである。職員が図書館の機器を用いて性的に露出度の高い資料を見ることを禁ずると、運用方針に記述している雇用者もいる。このような状況は、政府が被雇用者のアクセスを禁止するという制限の、重要な初期の試みの根底にあった。バージニア州では性的に露出度の高い資料への職員によるアクセスを禁止しているが、このことが州立大学の教員グループを刺激し、彼らは州によって雇用されているすべての職員を代表して集団訴訟を起こした。ユロフスキー対アレン（Urofsky v. Allen）事件の判決の要約で、米国地方裁判所は、被雇用者のアクセスをその資料の内容に基づいて制限するのは、憲法上保護されている言論への自由なアクセスという市民の権利に対する政府による憲法違反の干渉にあたると判示した（一点だけ明白にしよう。この議論は、雇用者が被雇用者による仕事と関連する資源の利用を制限する権利をもっていないという意味だと解釈すべきではない。裁判所は、被雇用者によるネットワーク資源の利用に関して、雇用者は被雇用者の行動を制限できるとくり返し判示している。）。裁判所は、ユロフスキー対アレン事件は内容に基づいた制限を行ったことが問題となり、それゆえ違憲であるとしたのである。

　性的に露出度の高い資料に関連して、もう一つ問題がある。図書館でそうした資料を見ることがセクシャルハラスメントになるので、禁止事項と考えるべきであるという主張である。これは、セクシャルハラスメント全体の問題にかかわる、より大きな問題となる。

セクシャルハラスメント

　図書館で性的に露出度の高い資料を見ることが、セクシャルハラスメントにな

るだろうか？　それがハラスメント（いやがらせ）の雰囲気を醸し出すという法律的意見もあるし、反対意見としては、より慎重に長期的な行動がなされるべきだという意見もある。

　議論にかかわりなく、セクシャルハラスメントの問題は、利用者による性的に露出度の高い資料の閲覧を許容するかどうか、からは独立させて扱うことができる。図書館のインターネット資源を他者に対する性的いやがらせの目的に利用してはならないとだけ宣言し、禁止事項と見なされる行為の範囲について記述するのである。

商業的活動

　インターネットを商業的活動のために利用することに反対する法律はないが、そうした利用を組織として禁止することはありうる。これらは大学図書館や学校図書館に特に関連することだが、公共図書館にも同様にあてはまるだろう。ほとんどとは言わないが多くの大学では、学生または教員用のWebページをインターネットで物品やサービスを販売するために用いること、さらに商業サイトにリンクさせることさえも明確に禁止している。この点に関する公共図書館の運用方針は、インターネット・サービス・プロバイダ（ISP: Internet Service Provider）との契約条件によって変わってくる。いくつかのケースでは、図書館がインターネットをビジネスに使わないという条件で料金が安くできる。運用方針のこの側面を検討する時は、ISPとの契約条件を確認し、チェックするべきである。

　禁止事項に含めるか検討すべき関連事項は、図書館のPCを利用したネット上での物品やサービスの購入である。このような行為が認められないと考える合理的根拠は、オンラインで注文した品物への支払いに図書館が責任を負う可能性があるということである。

システムセキュリティと利用者のプライバシーへの侵害

　おそらくこれが、著作権の侵害の次に、禁止事項の中で最も共通している項目であろう。図書館のインターネットサービスを一般に公開することによって、図

書館のコンピュータシステム自体が攻撃されやすくなり、他のシステムを攻撃しようとする者に対する防御も弱くなることは、システム管理者も当然のことながら心配している。無防備にさらすことのないように、システム管理者は技術的な手段──プロキシサーバ*やファイアウォール**など──を用いて、悪意をもつ利用者がOPAC（オンライン閲覧目録）や他の公開ファイルを利用して、OSや、利用者の利用情報、学生の記録、他の秘密資料などを含んだデータファイルに侵入するのを防ごうとしている。技術的に熟練し、おそらくは不正な手段で入手したパスワードを持っている確信犯的なハッカーは、ファイルの破壊から利用者記録などの内部情報の違法な入手まで、システムにかなりの損害を与えることができる。こうしたケースでは、図書館の禁止事項は影響力をもたない。それでも、運用方針にこれらの項目を含めることにより、図書館が自館および他館のシステムリソースを保護することに重大な責任を負っていることを、すべての図書館利用者に理解してもらうというのは、賢明な戦略である。そのことが、システムセキュリティ侵害のような行動をしないように、利用者に訴えかけることになるかもしれない。

　利用者記録の秘密を保護する法律を多くの州が制定しているが、その法律がなかったとしても、図書館職員は図書館利用者のプライバシーを保護するという、専門職としての、そしておそらく倫理的に言っても当然の義務を負っている。システムの保全と同様に、利用者の記録の安全性を保証することに図書館は注意を払う必要がある。これは禁止であると宣言してもセキュリティを侵害しようとする確信犯は防げないが、補助的な抑止力になるかもしれないし、このような目的で図書館の資源を利用しようとして見つかった者に対し、利用資格を剥奪すべく

---

* 組織のLANと外部のインターネットとの間に入るサーバで、LANと外部の出入り口を1箇所にすることによりLANの安全性を向上させ、かつトラフィックを減らす効果がある。外部のインターネット上のWebサーバに対して一度アクセスがあれば、プロキシサーバがその情報を蓄積しているので、同じ情報に対して二度めの要求があったときにプロキシサーバ上の情報が提供される仕組みである。
** 外部からの組織のLANへの不当な侵入を防ぐための、ネットワーク上のセキュリティシステム。火事による延焼を防ぐための防火壁からつけられた名称。

図書館員が迅速に行動できるようになるだろう。

利用規則に利用者のサインをさせるべきか？

　利用規則を読み、その条件に同意したことを認める書込用紙に、利用者のサインをさせるべきか。多くの図書館でそうしている。その結果図書館の運用方針は、図書館と利用者間の覚え書きのようなものになるが、その文書の拘束力は不確かである。だが、法的にどのような意味があろうとも、図書館職員——特に規則を守らされることに怒る利用者と向き合わなければならないカウンター業務の職員——は、利用者に対して「あなたは規則を見せられ、その規則に従うことに同意した」と主張できるので、仕事が若干やりやすくなったと感じるだろう。

　署名をしてもらうための他の方法もある。多くの図書館が、図書館カードの申込用紙に、利用規則や他の運用方針について書いている。利用条件と利用者が署名する欄を、別々に設ける図書館もある。職員はその用紙を後々の参照のためにファイルする。このことは、利用者にインターネット用PCの利用を認める前に、用紙がすべて書き込まれているか図書館がチェックしなければならないことを意味する。3つめの選択肢は——インターネット利用のために登録を求める図書館で特によく機能するが——、PCを利用する時に書かせる用紙（カードのこともある）に署名をしてもらうものである。

　どのような方法を用いようとも、職員を教育して、サインしているその場で利用者に対し、あなたは利用規則の同意書にサインしようとしているのであり、その条件を熟知すべきである、と注意を喚起するようにしなければならない。そうすることで、利用者が運用方針を読んで理解したということを、さらに確実にできる。

禁止された行為を行った場合の結果

　運用方針の中で規則を破った場合の結果を示すことは、抑止力として、および

職員の行動の明瞭な基準としての両方で機能する。図書館によって対象が異なり、それにより結果の重大さが異なる。学校図書館や大学図書館では、運用方針に違反したり、犯罪目的でシステム資源を利用したりした学生がいた場合、留年にしたり、さらには除籍したりすることができる。もし、違反がインターネットでの商業的活動や、不適当な資料の閲覧であれば、この罰則は厳しすぎるかもしれない。公共図書館では、違反者の処分には、より限定されたことしかできない。警告なしに利用者の権利を停止するといった情状酌量なしの処分に値する違反もあるが、通常はPCの利用権を剥奪することになり、時として図書館の利用権を剥奪することになる。また、より小さな違反ならば、利用権を停止する前に1、2回の警告を受ける場合もあるが、そのことは運用方針に書いておくべきである。処分のあるなしにかかわらず、運用方針の中に、利用者が規則に従わない場合に職員が当座とるべき行動についてのガイドラインとなるような明白な文言を含めるべきである。そして、連邦法や州法に違反するようなことが起きた場合は、法律に基づいて関係当局に報告する必要がある。

運用方針の中での禁止事項の位置づけ

　5-1、5-2、5-3の運用方針は、図書館の方針で禁止事項について記述する際の、異なった方法の例である。5-1の運用方針は、この章で論じた論点のほとんどすべてが含まれている上に、さらに二つのポイントが含まれている――すなわち、他の者が待っている場合の時間制限と、チャットルームへのアクセスの禁止である。シンシナティ市ハミルトン・カウンティ図書館は、一つの項目に、許容事項と禁止事項の全要素を組み込むことで、住民に対し何が制限されているかを説明している。利用者はこのことから、それ以外の利用は許容されると考えることができる。またこの運用方針は、規則に違反した場合の処分についてと、そのいささか目新しいやり方――図書館職員によるコンピュータ接続の切断――も含んでいる。

　すべての人に自由なアクセスを提供しているという記述と、性的に露出度の高

93

い資料の閲覧とプリントアウト、および未成年者は不適切なサイトに児童室でアクセスできないとの記述が組み合わされている点に注目してほしい。矛盾しているようだが、誰がPCを使用できるかには制限がないが、何にアクセスするかには制限があると述べているのである。これは図書館のインターネット運用方針での一般的なやりかたといえるが、もし図書館が利用者の見てよいものについての決定を図書館職員の責任にしてしまうのならば、何が「適切な」資料か、何が「性的に露出度が高い」と見なされるかについてのガイドラインを、職員に提示しなければならない。

5-2には、学校の運用方針のよい例を示した。この運用方針に示された項目は、どのような種類の図書館の方針にも非常に類似している。それは、禁止事項には図書館の種類や規模にかかわらず、同じような行為が含まれがちだからである。これらの条件に従わなければ、システム利用の権利を一時的もしくは永久的に失う結果となることが明言されている。列挙された12のうち7つが、不実表示、プライバシー、システムセキュリティに関連するものであることに気づくだろう。しかし第5項は、興味深い——いささか定義しにくいとしても——違反が加わっている。すなわち、限りある資源の浪費である。そして第12項は、図書館サーバに学生がWebページを開設した場合に、そこで認められるコンテンツのタイプに関する規則である（Webのガイドラインについては、さらに第8章を参照）。

5-3は大学の運用方針である。「細則」で言及されている禁止事項の述べ方が徹底している点で、際だっている。運用方針の他の箇所には、「利用についての一般基準」が含まれている。そこでは、利用者が大学の資源を利用するにあたって望まれる原則についてのガイドが提示されている。こうして、この運用方針は許容事項と禁止事項を極めて明白に区別している。この章で論じた禁止事項のほとんどの要素が、不適切な資料の閲覧を除いて、この運用方針に反映されている。大学図書館の運用方針が、不快感を与える資料や、子どもにとって有害と見なされる資料を利用者が見てしまうことに対してあまり配慮していないのには、2つの理由がある。一つは大学図書館を利用する子どもはほとんどいないこと、

もう一つは研究価値がないと見なされる資料は極めて少ないことである。だが、ペンシルバニア大学の運用方針が、州法や連邦法に違反する言論のみを禁止し、システムセキュリティに重点をおいていることに注目できる。一般的にいって、学校図書館や大学図書館は、学生や教職員が学校のサーバにWebページを開設することを認めている場合、システムセキュリティに対する関心は高まるといえる。

ペンシルバニア大学は、規則に従わない場合の結果についても定めている。

違反に対しての取締と罰則：この運用方針や方針を解釈した「細則」、関連した大学の方針、適用される市、州、連邦の法律や規則に違反した者は、制裁を受ける可能性があり、それには停学や除籍が含まれる。違反の性質や深刻度によって、学生懲罰規則や、教職員に適用される懲罰手続きにより、懲罰の対象となる。

権限をもつシステム管理者が、問題が当座の解決を見るまでの期間、この運用方針に違反していることを理由として、ある者の大学コンピュータ資源へのアクセスを即座に停止することが必要になる場合もある（例えば、漏洩した可能性のあるアカウントを無効にし、アカウント所有者に対して注意を促すことによって）。顕著かつ継続的な違反の場合は、アクセスの停止は適切な懲罰機関が最終的な解決を下すまで延長される。

システムの所有者や管理者、運営者はこの運用方針の違反を調査し、方針を遵守させることが求められる。

ペンシルバニア大学の運用方針は過度に詳細で神経質になりすぎていると考えるのは誤っている。それが職員や管理者にとって、インターネットの利用規則をいかに守らせるか、規則が侵犯された場合にどのような選択肢があるかについての明確なガイドラインとなっていることを、心に銘記して欲しい。さらに、この運用方針は、連邦著作権法と連邦およびペンシルバニア州の児童ポルノグラフィに関する法律、反名誉毀損法、ペンシルバニア州コンピュータ犯罪法を含む11

5-1　　　　　　公共図書館の禁止事項

インターネット運用方針

　多様な形態の情報への可能な限り広範なアクセスを提供するという我々の使命に合わせて、シンシナティ市およびハミルトン・カウンティの公共図書館（Cincinnati and Hamilton County Library）は、インターネットへのアクセスを住民に提供する。

　図書館は、インターネットでアクセスした情報の内容や正確さについて管理できないし、責任を負わない。子どもに対するインターネットアクセスの制限は、保護者および法的後見人の責任となる。

　インターネット運用方針やインターネット利用規則を守れない利用者には、他のインターネットのサイトを選択するか、インターネットへの接続終了を勧告することになる。その勧告に従わない場合、図書館職員が、コンピュータの接続を切断することがある。

インターネット利用規則

制限
　利用者は各自責任ある態度でインターネットを利用することが望まれる。制限には以下のことがらが含まれる。

- 利用者は、公共の環境での利用が不適当な性的に露出度の高い資料を閲覧またはプリントしてはならない。
- 利用者は、PCの機器やソフトを変更、損傷、悪用、妨害しようと試みること、設定を変更すること、ソフトをインストールすることなどの行為を、いかなる方法でもしてはならない。
- 利用者は、図書館PCの機器やソフトに悪意をもって損害を与えた場合には、結果として生じる費用を支払う責任がある。
- 利用者は、違法な目的で図書館のPCを利用してはならない。
- 利用者は、ライセンス契約や著作権法に違反してはならない。
- 利用者は、故意に攻撃的、脅迫的、または敵対的な環境を醸成するような行為のために、図書館のPCを利用してはならない。
- 利用者は、他の利用者が待っている時は、図書館PC利用の時間制限を無視してはならない。

- 利用者は、チャットルームにアクセスするために図書館PCを利用してはならない。
- 利用者は、他の利用者が待っている時は、娯楽ゲームのために図書館PCを利用してはならない。
- 利用者は、図書館内の児童室で、青少年に対して不適切なサイトにアクセスしてはならない。

出典：オハイオ州シンシナティ市・ハミルトン・カウンティ公共図書館
　　　(http://plch.lib.oh.us/about/policy.html)

5-2　学校の禁止事項

インターネット運用方針

利用ガイドライン

　インターネットアカウント保持者は、そのアカウントを用いて行う自らの行動や活動に責任を負う。不正な利用を行った場合は、利用資格が停止または取り消される。不正な利用とは次のようなものである。

1. 違法な活動のためにネットワークを利用すること。著作権やその他の規約を侵害することを含む。
2. 経済的または商業的利益のためにネットワークを利用すること。
3. 装置、ソフトウェア、システムの性能を低下させたり麻痺させたりすること。
4. 他の利用者のデータを破壊すること。
5. 限りある資源を無駄遣いすること。
6. 正当な権限なしに情報資源や機器類にアクセスすること。
7. 個人のプライバシーを侵害すること。
8. 他人のアカウントを使用すること。
9. 書いた人の同意を得ずに、個人的なメッセージを書き込むこと。
10. 匿名のメッセージを書き込むこと。
11. 冒涜的な、わいせつな、または他人をおとしめるようなファイルやメッセージ

を、ダウンロード、保存、または印刷すること。
12. 以下に示す「情報内容に関するガイドライン」を侵害すること。

出典：ミシガン州アナーバー，コミュニティ・ハイスクール
　　　（http://communityhigh.org/about/CHS_policy.html）

5-3　　　　　　　　　大学の禁止事項

電子的資源の利用に関する細則

　次に述べる細則は、大学におけるすべてのコンピュータ資源の利用に適用される。これらの細則は、禁止されるすべての行為を列挙したものではなく、「コンピュータ資源の利用に関する一般基準」、その他の大学の運用方針および適用される法律や規則を説明し、その実行の手段となることを意図したものである。なお、これ以外にも、個々の学部、部局、システム管理者により個別のコンピュータシステムやネットワークの利用についての追加的細則が制定される可能性がある。

コミュニケーションの内容
- 市、州、連邦の法律および規則や大学の方針が適用される場合を除き、電子的コミュニケーションの内容はそれ自身懲戒処分の対象とならない。
- 暴力による脅迫、わいせつ、児童ポルノ、いやがらせ（法の定義による）など違法なコミュニケーションは、禁止する。
- 私的ビジネスあるいは商業的活動（その活動が大学の方針により許可あるいは認可されている場合を除く）、大学以外の団体のための資金集めや広告のために大学のコンピュータ資源を使用すること、大学以外の個人や団体へ大学コンピュータ資源をリセールすること、許可を得ずに大学の名前を使用することは禁止する。情報システム担当副学長（あるいは相当職）は、単発的に行われる大学の資源を使って私物を交換したり販売したりする行為を認める場合でも、規則を明文化し、フォーラムを限定することがある。

利用者の特定
　匿名あるいはハンドルネームによるコミュニケーションは、それが操作ガイダン

スや通信に使用する電子的サービスにより特に禁じられていない限り認める。ただし、「自由な表現に関するガイドライン」に対する侵害があったと思われる場合、自由な表現に関する委員会は、大学情報セキュリティ管理官あるいは正当なシステム管理者に対し、匿名あるいはハンドルネームのメッセージ発信者の特定を指示し、適当な懲戒機関に対し同じ情報源からさらなる発信が行われることを防ぐ措置を依頼することができる。

次の活動あるいは行為は禁止される。

- 電子的コミュニケーションの発信元あるいは情報源を不正に表記すること（偽造を含む）
- 他人のパスワードを入手すること、あるいは入手しようと試みること
- 他人のコンピュータアカウントを使用すること、あるいは使用しようと試みること
- 他人あるいは他のコンピュータが発信したメッセージ内容を、人をだます目的で改変すること
- 他人のニュースグループにおける投稿をかってに削除すること

コンピュータ資源の利用

次の活動あるいは行為は禁止される。

- 利用制限された大学のコンピュータ資源あるいは電子的情報システムを利用権限なしに、あるいは正当な利用範囲を超えて利用すること
- 他人に受け取られてもよいことを明示していない当事者どうしのコミュニケーションを傍受すること、あるいは傍受を試みること
- 大学当局の承認なしに、ペンシルバニア大学に無関係な個人に対し大学コンピュータ資源を利用可能にすること
- 所有したり発信したりすることが違法な資料を利用できるようにすること
- 契約しているコンピュータソフトウェアを許可なくコピーしたり使用したりすること
- 正当な権限なく、電子的またはそれ以外の手段で、プライバシーおよび学生、大学運営、人事、文書の秘密に関する大学の方針やその他の記録に関する方針またはデータ取扱者の定義により秘密と定められた電子的情報およびデータを利用、保存、あるいは配布すること
- 意図的に電子的情報のプライバシーやセキュリティ上の疑いを招くような行為をすること
- 意図的に他人のコンピュータ・プログラムや電子的情報における知的所有権を

侵害すること（剽窃や無許可使用、複製を含む）

運用上の一体性
次の活動あるいは行為は禁止される。
- 他人のコンピュータおよびネットワークアカウント、サービス、設備に干渉しあるいはこれを破壊すること。コンピュータウィルスの伝播、電子的チェインメールの送付、不適当に多数の個人あるいはコンピュータに一斉送信をすることなどを含む（ただしそれらだけに限定されない）
- 適切な大学の機関が、コンピュータシステムやネットワークの運用やその一体性を脅しこの運用方針を侵害するような行為があり、それをやめるよう求めた時、その求めに応じないこと
- パスワードを公表すること（故意にあるいは怠慢により）、またコンピュータおよびネットワークの自分のアカウントを他人に使用させること
- 許可なしにファイルやシステムを変更すること、あるいは変更を試みること
- 正当な権限なしに、セキュリティの脆弱性を試すためにネットワークを精査すること
- 正当な権限なしにあるいは自分の権限を超えて、大学のコンピュータおよびネットワークの構成を変更すること（ブリッジ、ルータ、ハブを含む。ただしそれらだけに限定されない）
- 正当な権限なく接続（正当でないネットワーク接続を試みることを含む）したり、ネットワークを拡張したり、他のコンピュータやネットワークサービスを再伝送したりすること
- 故意に電子的情報の一体性を損なったり破壊したりすること
- 故意に電子的ネットワークや情報システムを混乱させること
- 故意に人的なあるいは電子的な資源を浪費すること
- 怠慢により大学の電子的情報、コンピュータおよびネットワーク装置や資源を損傷に至らしむること

出典：ペンシルバニア大学
　　　（http://www.upenn.edu/computing/help/doc/passport/policies.html）

の制定法を引用して、コンピュータ利用を管理するのに適用される法律すべての詳細なリストを提供している（さらに詳しくは、付録に掲載したペンシルバニア大学の電子的資源の利用に関する運用方針の全文を参照されたい）。

　これまで抜粋してきた運用方針は、禁止事項についての包括的な取り扱いを説明している。解釈および実施にあたっては完璧な運用方針であることが望ましいが、詳細や説明は抜きにして、項目を単に列挙することによって、禁止事項とすることも可能である。連邦法や州法の違反について言えば、連邦法や州法に違反して図書館のコンピュータ資源を利用することは禁止であるとごく簡単に記述するだけで十分だということに、多くの図書館が気づいている。

第6章 フィルタリングに関する検討

　図書館内でのインターネット利用にフィルタソフトを使用するかどうかは、図書館サービスの運用方針に関する激烈な論戦をもたらした。議論は、図書館管理者どうしの内部的ディスカッションの範囲を超え、連邦法や州法、訴訟、合憲性審査の問題となってきており、さらに、一般の報道や図書館界メディアでの、際限のない解釈と議論の様相を呈している。もちろんこの論戦の原因は、インターネット上の性的に露出度の高い資料の急増に対するコミュニティのリーダーや親その他の人々の不安感である。そのようなコンテンツの存在が、地域の一部の人々に、そのようなものは図書館の環境にはふさわしくない、図書館はそのような情報から子どもたちを守るべきだと主張させているのである。しかし、知的自由の信奉者であり憲法修正第１条の専門家である多くの図書館員は、図書館におけるフィルタソフトの使用は適切か、効果があるのか、さらには合法かとまで疑問を投げかけている。

　本章は、フィルタをかけるべきかについて答えを出すものではない。それはそれぞれの図書館でなされるべき決定である。しかし、適切な情報もなく感情に流されて下される決定が多すぎる。本章は、図書館およびコミュニティの他の人々が決定を下す前に検討すべき情報、議論に関連する諸文書を提供する。すなわち、州法および連邦法や関連の判例、アメリカ図書館協会（ALA）およびその他の組織の方針文書、フィルタソフトはどのように働くのかおよびどのようなソフ

トが入手可能なのか、この問題に関する両論陣の主張とそれぞれの立場から導き出されるであろう結果などである。この問題を運用方針に盛り込んだいくつかの図書館の取り組みとその結果も含めた。また、章の最後ではフィルタリングの代替方法も検討している。

フィルタリングは、本書で扱う他のどれよりも、大きく複雑な問題をはらんでいる。したがって、この問題については、十分に検討することをお勧めする。本章の中では、この問題に関する様々な視点をさらに調べるための参考文献を紹介した。その中でもフィルタリングの問題を最も徹底して扱っているのは、カレン・シュナイダー著『インターネット・フィルタの実践的ガイド』である。

フィルタリングについての決定にあたっては、何を検討すべきか？

まず、最初に認めなければならないことは、インターネット上には性的に露出度の高い資料が実際に存在するということである。それを認めずに議論すると——自由なアクセスを守るためにそうした人もいるが——、インターネット上の性的に露出度の高い資料が氾濫しているというのは誇張でありそのような資料はほとんど見られないかのように誤解させたとして、予算部局や図書館委員会、それに住民から非難される結果となる可能性がある。性的に露出度の高い資料を掲載したインターネットサイトの占める割合は非常に低い（0.5%程度）とはいえ、インターネット上にはそのような資料を売買するサイトが数千もある。画像やテキストに自由にアクセスさせるものもあるが、このようなサイトの多くは有料メンバー制で購読料を徴収するものである。多くのサイトは、案内画面に資料が成人向けであることを示す警告文をおき、ユーザパスワードがなければ多くは見られないようにしている。が、無料のサンプル画像を提供しているのも数多くあり、そのほとんどは裸体や性的な行為を表示している。より責任をもって維持されているサイトでは閲覧者が18歳以上であることを確認しなければ何も見せない（もちろん、誰でも「18歳以上」をクリックできる）が、最初のページから

性的に露出度の高い資料を表示するものもある。さらには全く違う——刺激的でない——サイトを選んでいるとビジターに誤解させるような名前のサイトもある。最も悪名高いのは、whitehouse.com である。正式なホワイトハウス＝大統領官邸（ちなみに、その URL は whitehouse.gov である）を選んだと思っている人を誘い込み、品位に関するどのような基準に照らしても子どもにはふさわしくない画像を取り扱っている。

　このような資料の存在は広く知られており——青少年を食い物にする人々に関するニュースメディアの報道は火に油を注ぐことになっているのだが——多くの親、コミュニティのリーダー、政策決定権者が、図書館に対しフィルタソフトを使いこのような資料へのアクセスを制限するよう圧力をかける要因になっている。多くの人にとって、それがこの問題に対する論理的な解決のように見えるだろう。性的に露出度の高い雑誌を購入する図書館はめったにない。それなら、なぜ、インターネットで人々が見られるものに対しても同様の制限をしないのか？ ALA、市民的自由主義者、修正第 1 条の専門家たちは、フィルタソフトには問題がいくつもあると反論する。第一に、図書館は情報への道を閉じるのではなく開いておく倫理的責任がある。第二に、フィルタソフトは憲法で保護された言論と保護されていないものとを区別することができない。第三に、ソフトウェアは絶対確実ではない。つまり、しばしば全然不快ではない資料を排除し、時として不快なサイトを排除せず透過させてしまう。

　フィルタをかけるかどうか決定を下す前に、次のような熟読しておくべき関連文書がいくつかある。

『図書館の権利宣言』、「電子情報・サービス・ネットワークへのアクセス」、および「図書館におけるフィルタソフト使用に関する宣言」

　1948 年、ALA は『図書館の権利宣言』と題する方針宣言を採択した。この宣言は現在「すべての図書館は情報や思想の広場である」とし、「その創作に寄与した人たちの生まれ、経歴、見解を理由として排除されてはならない[*]」を含む基本的原則が図書館サービスを導くべきことを主張している。アメリカ国内の多く

の図書館が、『図書館の権利宣言』を自館の運用方針として採択し、それによって自館を、束縛のない自由な情報利用を堅持する立場に立たせてきた。1996年、ALAは「電子情報・サービス・ネットワークへのアクセス：図書館の権利宣言解説文」(http://www.ala.org/alaorg/oif/oif_q&a.html) と題するレポートを採択した。この文書は、『図書館の権利宣言』をディジタル時代に合わせて明確化し更新したものであり、「利用者は、憲法上保護された言論の表現または授受を制限されたり否定されたりしてはならない」、また「未成年の利用者の権利も決して制限されてはならない」と結論づけている。さらに、ALAは、「図書館におけるフィルタソフト使用に関する宣言」(http://www.ala.org/alaorg/oif/filt_stm.html) を採択し、フィルタリングに関する協会の立場をより明確にした。この宣言では、「アメリカ図書館協会は、憲法上の保護を受けた言論へのアクセスをブロックするフィルタソフトの図書館における使用は、『図書館の権利宣言』を侵犯すると断ずる」と述べている。これらの文書は、フィルタリングおよび自由なアクセスについて図書館の運用方針を決定する際に検討すべき重要な資料である。図書館がALAの『図書館の権利宣言』を採択している場合は、なおさらである。

リノ対アメリカ市民自由連合(Rino v. American Civil Liberties Union)

　1996年、アメリカ議会は、電話会社への規制を緩和する「電話通信法案」を可決した。この法律の部分修正法である「通信品位法（CDA）」は、わいせつ資料や児童ポルノをコンピュータ通信により送信することを犯罪であるとした。そして、クリントン大統領がこの法案にサインしたまさにその日、アメリカ市民自由連合および共同原告の代表はCDA執行の停止を求める訴訟を起こしたのである。1997年6月、最高裁は「リノ対アメリカ市民自由連合」裁判の判決を下した。インターネット上での言論は、憲法修正第1条による保護を十全に受けるべきであり、「民主社会において自由な言論を奨励することによる利益は、理論的にはありえても証明されていない検閲による利益より重い」とした下級裁判所の判決を全員一致で支持したものである。リノ対アメリカ市民自由連合裁判の最高裁の判決全文は、Web上で見ることができる（http://www.aclu.org/court/renovacludec.

html)。これは、自由な言論を制限しようとする政府の圧力に関する判例であり、インターネット運用方針を検討しているものにとって非常に示唆に富む読み物である。次のように言うこともできる。リノ対アメリカ市民自由連合裁判は、サイバースペースにおいても修正第1条が有効であることを確認し、その判断はフィルタリングを行っている図書館を表現の自由を侵すものとして告発しようという人々を力づけた。実際、バージニア州ラウドン（Loudoun）における同様の裁判でも同じ判決が下されている（p.120を参照）。興味深いことに、カリフォルニア州リバーモア（Livermore）では、もう一つ別な裁判が起こされている。これは、図書館で性的に露出度の高い資料を見た児童の親によって起こされたもので、図書館がフィルタソフトを使用しなかったのは怠慢だとして訴えるものであった。

フィルタリングの事実（Filtering Facts）：ディビッド・バートのフィルタリングに関する事例集

　図書館のフィルタリングに関して最も疲れを知らない活動家は、オレゴン州レイク・オスウェゴ公共図書館に勤務するディビッド・バートである。彼はインターネット運用方針のアーカイブ（本書を作成する過程で非常に有用であった）を運営することに加えて、「フィルタリングの事実」（http://www.filteringfacts.org）というオンライン版の要約を公表している。このサイトは、図書館におけるフィルタを使用したインターネット利用の事例を余すところなく収集しており、特に図書館界メディアにおける反フィルタリングの議論に反論する資料に重点がおかれている。

それぞれの州のわいせつ防止法

　フィルタリングを検討するにあたっては、それぞれの州で定められたわいせつ防止法を熟読しておく必要がある。もちろん連邦法も適用されるが、ほとんどの州にこの種の法令が、特に児童ポルノの領域で制定されている。すなわち、裁判

＊　引用は1980年宣言のもの。訳は、川崎良孝・川崎佳代子訳『図書館の原則』を参考にした。

所が自由な言論を制限せざるを得ないとする政府の主張を支持している領域である。州のわいせつ防止法のコピーを図書館委員会、市議会、学校委員会、図書館職員、その他図書館の運用方針に関心をもつ人々に配布し、共通の認識にする必要がある。法が何を述べているのか、それが図書館のインターネットサービスにどう関係するか、全員が理解することが重要である。法が禁止していること、問題となる通信方法、公的機関による利用や親の同意の下で利用した場合訴追を免れるかなど、しっかり検討しておいたほうがよい。図書館におけるインターネットサービスとの関係で、これらの法律の意味合いをアドバイスできる弁護士に相談することも有用であり、また必要でもあろう。

フィルタリングと選書の違いは何か？

　第2章で、インターネット運用方針を図書館の他の運用方針と確実に一致させておくことがいかに重要かを述べた。では、次のようには考えられないだろうか。「我々は、需要と利用者にふさわしいかどうかを基準として資料を選んでいる。それなら、なぜコミュニティや年齢層に適したものを"選ぶ"ためにフィルタソフトを使ってはいけないのか？　それは単にコレクション形成方針に一致したインターネット運用方針を作ることにならないのか？」

　この議論は、フィルタリングに賛成する立場でよく用いられている。たしかに資料を選ぶこともフィルタソフトを使用することも、図書館で利用者が利用できる資料の範囲を制限することではあるが、両者の間には大きな違いがある。選書は、明文化された評価基準（コレクション形成方針）に基づくポジティブな判断であり、その判断は、専門職の図書館員が資料を個々に検討し、コレクションに関する知識——強い分野と弱い分野——や利用者のニーズを勘案して行われる。それに対し、フィルタリングは通常（必ずではないにせよ）図書館員でもコミュニティのメンバーでもない誰かが行った、図書館のコレクション形成方針とはほとんど関連のない判断によっている。さらに、キーワードによるフィルタリングの場合、判断は個々のサイトに対する評価によってでなく、特定の言葉を含んで

いるかどうかで一律に行われる。印刷メディアとのアナロジーでいえば、出入りの書店に、その本の全体的な内容はどうあれあらかじめ決めたリストに載っている言葉を含む本は持ってこないでくれと言うようなものである。フィルタソフトの使用は受動的であり、選書は能動的かつ行動指向である。選書は何を図書館に入れるかを決めることであるが、フィルタリングは何を図書館から排除するかを決めるプロセスである。選書の際に行われる慎重で思慮深い評価のプロセスとは異なり、フィルタソフトは比較したり、検討したり、評価したりすることがない。それができるのは、図書館管理者が知っているかどうかもわからない何らかの基準をもとに"Yes"あるいは"No"ということだけなのである。なお、ここで述べているのは、「フィルタリングをすべきでない」ということではない。フィルタリングと選書は違うということを言っているだけである。

どういう選択肢があるか？

もし文学に造詣が深い人ならこう言うだろう。図書館の意思決定者は「フィルタをかけるべきかかけざるべきか」決めなければならないと。フィルタリングに関しては3つの選択肢が挙げられる。フィルタをかけない、すべてのマシンにフィルタをかける、一部のマシンにフィルタをかける、である。それぞれについて、簡単に検討していこう。

フィルタをかけない場合
この選択をする理由としては、次のようなものが挙げられる。

- 図書館長、図書館委員会、市議会、サービス対象であるコミュニティの——多数派でないかもしれないが——少なくとも声の大きな人々が、情報へのアクセスは制限されるべきでないと信じている。
- 図書館が、『図書館の権利宣言』および『読書の自由』声明を自館の運用方針に取り込んでおり、運用方針であらゆる年齢層によるあらゆる資料への自

由なアクセスを推進している。
- 州または連邦のわいせつ防止法違反で告発される可能性より、修正第1条の侵害で訴えられる可能性のほうを心配している。
- フィルタソフトが存在することが、親に図書館が子どもをインターネットから守ってくれると勘違いさせ、そのために図書館が義務的な立場に立たされかねないと心配している。
- 図書館は個別の親子関係の間に立ち入るべきではないと信じている。

多くの図書館は、自由なアクセスという方針をもってインターネットサービスを開始し、その立場をいまなお維持できている。しかし、憤慨した市民の要求に直面しフィルタソフトを導入せざるを得なかった図書館もある。本章の最後に、運用開始にあたりフィルタをかけないと決定した3つの図書館の事例、その運用方針の顛末を紹介しておいた。もしフィルタをかけないと決定する場合には、州のわいせつ防止法を熟読し、図書館および図書館職員が、法で許される範囲で業務を行うよう確認しておくべきである。また、一連の運用方針、マニュアル、実施要領を作って、性的に露出度の高い資料などふさわしくない資料を子どもが見てしまう危険を最小限に抑えるようにすることを推奨する（本章末および第7章を参照）。このような運用方針は実務手順上で非常に有用であるばかりでなく、図書館の子どもを守るという姿勢を示す上でも重要である。

フィルタソフトを使用しないという決定を図書館がする場合、市長、市議会、学校委員会、カウンティの委員会、その他行政委員会の合意を取りつけておくことは不可欠である。運用方針が攻撃にさらされたときに、彼らのバックアップが得られることを確実にしておかなければならない。

フィルタをかける場合
　次の条件の一つまたは複数があてはまる場合には、おそらくこの選択肢をとることになるだろう。

・市、カウンティ、その他の親機関からフィルタソフトの使用を要求されている。
・運用方針の中で、インターネットへの無制限のアクセスを提供することが図書館の使命であるということを述べていない——あるいは強調していない（例えば、図書館の方針として ALA の『図書館の権利宣言』を採択していない場合）。
・図書館または図書館委員会が、図書館は館内で子どもを守る義務を負っており、それは憲法上保護された資料への自由なアクセスという市民の権利よりも重要だと信じている。
・修正第1条に基づく市民の運動のリスクより、わいせつ防止法違反による刑事告発のリスクの方が重大だと考えている。

フィルタをかける前に、市またはカウンティの顧問弁護士に相談し、フィルタをかけることに同意を取りつけ、修正第1条問題に挑戦するリスクが許容できるレベルであることを確認しておいた方がよい。

いくつかのPCにのみフィルタをかける場合

この妥協的立場は、インターネット上の情報に自由にアクセスしたいという市民の要求と、図書館内で子どもを守りたいという親その他の人々の懸念とのバランスをとろうとする図書館の努力を表している。この戦略をとる公共図書館のほとんどは、児童室のPCにはフィルタソフトを使用し、大人のスペースのPCは制限をしないというやり方をとっている。もちろん、子どもが成人コーナーのPCを使えないというわけではないし、PCのそばを通りかかったときに性的に露出度の高い資料を見てしまう可能性もある。くり返すが、子どもがフィルタのかかっていないPC、場合によってはフィルタのかかったPCで不適切な資料を見てしまったときに図書館が責任を問われないよう、親に約束する安全のレベルに注意を払うべきである。

図書館の親機関が、この選択肢をインターネットサービスが始まる前に要求す

ることがある。または、性的に露出度の高い資料にフィルタをかけて欲しいというコミュニティの要求に対する妥協としてこの形態をとることになる場合もある。理由は何であれ、選択してフィルタをかける方法は、多くの図書館運営者にとってこのジレンマを解消する最も知的な妥協となっている。

フィルタソフトはどのように機能するか？

　すべてのフィルタソフトが同じように動くわけではない。市場には多くのブランドがあり、それぞれ少しずつ機能が異なる。ある製品はキーワードでブロックし、別の製品はサイトでブロックする。この２つを組み合わせたものもある。キーワードでブロックを行うものは、あらかじめ決められたキーワードを含むWebページへのアクセスを、そのページが何であれ制限する。サイトで行うものは、あらかじめ決められた特定のURLへのアクセスを制限するものであるが、定期的に新しいバージョンに更新する必要がある。

　誰が、ブロックするキーワードやURLを決めるのか？　それはソフトウェアによって異なる。ソフトウェアパッケージの中には、Net Nannyのように利用者がリストを見てそれを修正できるものもある。また、Cyber Patrolのように、サイトのカテゴリーごとにブロックするかどうかは容易に切り替えられるが、個別のサイトをブロックしないようにするには高度な専門技術が必要なものもある。ブロックされるキーワードやサイトのリストを調整できるということは、どのくらい重要だろうか。非常に重要である。なぜなら、デフォルトのリストは余りにも警戒的すぎるため、図書館がサービスするコミュニティの価値基準にほとんど確実に一致しないからである。ある製品があらかじめセットした用語リストにある――例えば"breast"[*]という――言葉があったとすると、多くの合法的なサイトがフィルタで引っかかることになる。[**]ブロックされている語やサイトのリストを見て修正したいと頻繁に思うことになるだろう。したがって、完全に、苦労なしにリストにアクセスできることは、商品を比較する際の一つの重要ポイントである。

もう一つ検討すべき項目は、そのソフトウェアがフィルタソフトを無効にすることを認めているかどうか、またどのレベルで無効にできるのかということである。大人の利用者が見たいと思っているサイトがブロックされているとき、あるいは、フルアクセスの必要がある場合、フィルタソフトを無効にしたいと考えるかもしれない。ほとんどのフィルタソフトは、パスワードを使って無効にすることができる。個々のPCレベルと同様、ネットワークレベルで無効にできるものもある。

フィルタソフトを購入する場合、どういう機能を求めるべきであろうか？　カレン・シュナイダーはAmerican Libraries誌1997年7月号の論文の中で、次のような簡単な機能リストを推奨している（もともとニューヨーク州のラマポ・キャッツキル図書館システム（Ramapo Catskill Library System）のジェリー・カンツ（Jerry Kuntz）がPUBLIBリストサーブに投稿した記事を転載したものである）。

1. 個別のキーワードやサイトに基づいてブロックしたりブロックしなかったりできる。
2. その製品がブロックするサイトのリストおよびキーワードのリストを見ることができる。
3. リストからキーワードやサイトを削除したり追加したりできる。
4. PICS[***]のような、現在作られつつあるランク付け方式に基づきブロックすることができる。
5. 「時間・場所・方法」に応じたブロックが可能である。
6. 多様なアクセスコマンドが使用可能である。
7. 製品が使用されていることを利用者に示す方法がある。
8. サイトの追加または削除要求に対するフィードバックの仕組みがある。
9. 閲覧中にサイトおよびキーワードのリストを要求または閲覧することができ

---

[*] 「胸、乳房」の意味。
[**] breast-stroke（平泳ぎ）など。
[***] 後述（p.115）。

る。

(Schneider, 1997)

　最後の3つは、利用者の視点から望ましいソフトウェア条件である。

　しかしながら、フィルタソフトは誤りやすいものである。フィルタをかけることを決定した場合は、以下に述べる限界を認識しそれを考慮した行動をとることが重要である。まず第一に、ソフトウェアは馬鹿だということである。プログラムを書き設定した人が「やれ」といった以上のことはできない。最も気をつけなければいけないのは、違法なもの（児童ポルノなど）とそれ以外のもの、すなわち公共の場で発表された場合憲法上保護される表現、との区別がつかないということである（市場に出ているフィルタリング製品の一つであるX-Stopは、違法な表現だけをブロックしていると主張しているが、多くのフィルタ評価者はそれには疑問を投げかけている）。これは一方で、問題のあるサイトがフィルタをすり抜けることは絶対にないとはいえないという意味でもある。例えば、キーワードでブロックするソフトは、ブロックに引っかかるようなキーワードを持たないサイトについて、写真が性的なものであったとしてもそのサイトをブロックしない。同様にサイトでブロックするソフトは、ブロックする対象サイトのリストにまだ載っていないサイトをブロックすることはできない。さらに、常に注意しておかなければならないことがある。それは、フィルタソフトを入れたことによって、子どもをインターネット上の性的に露出度の高い資料から守ってくれると一部の利用者が信じ込み、図書館に潜在的な責任が生じるということである。

　フィルタソフトに関して考え得るもう一つの問題は、製品によっては、性的に露出度が高いかどうか以外の基準でブロックする——それを利用者が望むと望まざるとにかかわらず——ものがあるということである。例えば、憎悪表現、不寛容の助長、その他のイデオロギー的な事項によってブロックするソフトウェアがある。最近、保守的な宗教団体である全米家族協会（American Family Association：AFA）が、Cyber Patrolという製品がブロックするサイトリストに加えられるという事例があった。これは、AFAがホモセクシュアルに反対する立場をとって

114

いるためである。このサイトは、Cyber Patrol が用いるフィルタ基準の一つである「不寛容」というカテゴリーの下でブロックされた。皮肉なことだが、AFA は一貫したフィルタリング賛成派である。このようなことから、図書館長は、サイトをブロックする基準は常に予測可能ではないし、サービス対象のコミュニティで一般的に認識されている基準に基づいているのでもないということを銘記しておく必要がある。

　PICS（Platform for Internet Contents Selection＝インターネットコンテンツ選択のためのプラットフォーム）は、内容に基づいて制限するといういささか変わったアプローチのものである。テレビ番組で有名な V チップと少し似ており、PICS は、各年齢層に適切かどうかなど、多様な基準に基づきそのサイトをランク付けするための情報を Web ページに埋め込み、その情報を使用して動作する。ソフトウェアはブラウザと共にまたはブラウザの中で機能し、受け取った評価のタイプとブラウジングの設定に基づいてサイトを評価する。PICS の奨励者は、PICS はサイトやキーワードでブロックするソフトより洗練されたやり方だと信じているが、現時点ではこのシステムはまだ評価を下せるほど一般的になっていない。未解決の問題点として、サイトを評価する基準、サイトごとの評価の一貫性などがある。今のところ、ほとんどの PICS 評価は Web ページの作者によって行われており、それがこのシステムの信頼性に関するさらなる疑問を引き起こしている。

　図書館でフィルタソフトを購入する計画があるならば、いろいろなソフトウェアパッケージについてできる限りたくさん情報を収集し、賢い消費者になることが重要である。ここで、実施された多くの製品評価を検討する余裕はないが、本章の最後には読んでおくべきレポートのリストを示しておく。会議の際の展示会や、他の図書館、製造会社からのデモバージョンなどにより様々な製品を試してみるとよい。シュナイダーは、TIFAP（The Internet Filter Assessment Project＝インターネット・フィルタ評価プロジェクト）を組織し、ボランティアによって提出された 9 つのフィルタリング製品に対する 100 の質問を提示した。TIFAP は、図書館環境におけるインターネットへのフィルタソフト使用についての結論をまと

め、さらに個々の製品について評価している。TIFAP は、製品の購入比較およびフィルタソフト選択の優れたガイドラインを提供している。カレン・シュナイダーによって作られ『インターネット・フィルタの実践的ガイド』で報告している TIFAP の調査結果は、必ず読んでおくべき文献である。(なお、ディビッド・バートは、「フィルタリングの事実」の中で、その細部に反論を加えている。)

フィルタリングに代わるものは？

　図書館の運用方針によりフィルタをかけない場合でも、子どもが図書館で性的に露出度の高い資料を見てしまう危険は最小限にしたいと思うだろう。また利用者や職員を、館内で性的に露出度の高い画面を表示することによるセクシャルハラスメントから守るために何らかの手段を講じたいと思うかもしれない。このような防御策は、次の二つの理由から重要である。第一に、利用者を推奨される情報源に誘導するために事前の措置を講ずることになる（この役割は、まさしく選書プロセスのアナロジーである）からであり、第二に——論争が起きた場合——図書館は利用者に気持ちよく図書館を使ってもらえるよう気を配っており、図書館は良識を備えた機関であり、インターネットに伴うリスクを無視していたわけではないことを示す積極的な防御として、である。

PCの配置

　フィルタリングに代わるものとして、多くの図書館では、PC を図書館内の作業スペース（レファレンスデスク、貸出カウンター、児童室の図書館員デスクなど——第 3 章を参照）の職員から画面が見えるように配置している。その理屈は、職員が利用者の見ているものを見ることができれば、アクセスしているものに対する図書館のコントロールが働き、問題回避に役立つだろうというものである。ものおじしない職員なら、あなたが見ているものは他の利用者を不快にさせますよと利用者に注意することもできるし、子どもの関心をより有用で適切なサイトに向けさせることもできよう。図書館委員会、市議会、学校または大学運営

者の中には、このやり方を取るならフィルタをかけないとの判断に対して、より心安らかに感じられるという人もいるだろう。しかし、別の問題が生じる。

　この方法は、図書館職員に一定の裁量の余地を与える。このことは、よくても気まずさを、最悪の場合は重い負担と不公平感を、職員と利用者の双方にもたらす。さらに、これはほとんど必然的に憲法上保護された表現に対する内容に基づいた規制という問題に行きつく。館内で実際にその種の資料を見るような厚かましい利用者に近づいていくとき、職員は心安らかでいられるだろうか？　その利用者に注意するとき、どのようなガイドラインに従えばよいのか？　他の利用者から苦情があったときだけ注意するのか？　子どもがそこにいるときだけか？　運用方針はどのような資料が不適切か明確に示しているだろうか？　そうでなければ職員は自分の好みや寛容度によって判断するのか？

　図書館がフィルタソフトを使いたがらない理由の一つは、ソフトウェアが憲法上保護される表現とそうでないものを区別できないからだということを忘れてはならない。では、図書館職員はその区別ができるだろうか？　たしかに自分が見ているものが不適切だということはわかる。だが、それが憲法上保護される表現ではないと確実に言えるだろうか？　たとえある人はできたとしても、他の職員はどうか。これはきわめて重大な問題である。なぜなら、裸体や性的に露出度の高い資料を含むサイトを見ている利用者に向かって、そのような行為は迷惑なのでやめてくれるように依頼するということは、無意識であっても、政府が市民のそれらの資料にアクセスする権利に介入するということになるからである。

プライバシースクリーンおよび天板埋め込み式モニタ

　多くの図書館では、プライバシースクリーン、つまり画面に取り付けPCの前に座った人にしか画面が見えないようにする装置の使用を試してきた。プライバシースクリーンは、たまたまPCのそばを通りかかった人に対して画面が見えないようにするが、画面が見にくくなる。職員が利用者の手伝いをするとき、画面がはっきり見えず、援助がしにくくなってしまうという問題がある。

　もう一つの方法は、モニタを机の表面より下に置くことである。モニタを机に

埋め込んで天板にガラスのカバーをかけた特製のデスクが、図書館用品会社や家具会社で売られている。PCの前に座った利用者とその真後ろに立った人——利用者を援助している職員など——だけが、モニタを見ることができる。プライバシースクリーンと天板埋め込み式モニタについては、第3章を参照のこと。

ガイド付き利用に関する運用方針

多くの図書館——フィルタをかけている図書館もそうでない図書館も——が、ガイド付き利用に関する運用方針やマニュアルが非常に有用であると考えている。ガイド付き利用には、一対一の利用指導から正式・略式のグループへの利用指導、文献、手引き、図書館のWebページのリンクサイト利用まで、多様な活動が含まれている。これらの実践については第7章で詳しく述べるが、ここではフィルタに代わるものとして、文献、手引き、およびリンクサイトの利用を紹介しよう。

図書館における子どものインターネット利用を安全なものにするための印刷物には、基本的に2つの種類がある。一つは、インターネットは子どもにとって様々な理由から不適切な資料を掲載したサイトがたくさんある無制限のメディアだということを親に対して強調し、知らせる案内である。このような案内の一例は、「情報ハイウェイにおける子どもの安全（Child Safety on the Information Highway）」というタイトルの文書（http://www.4j.lane.edu/safety）である。これは「遺棄または搾取された児童のための全国センター（National Center for Missing and Exploited Children：NCMEC）[*]」が刊行したもので、親が子どものインターネット利用を監督するためのガイドラインを掲載している。ラスベガス公共図書館（Las Vegas Public Library）などかなりの数の図書館が、自館のインターネット運用方針にこの出版物をそっくりそのまま取り入れている。自館のWebページからこの文献にリンクを張っている図書館もある。もう一つの優れた案内として、ニューヨーク公共図書館サイト（http://www.nypl.org/branch/safety.html）上の「インターネットのための安全ネット（Safety Net for the Internet）」ページがある。この優れた情報源は、親のためにインターネットのリスクをどうやって最小限に抑えるか

についての様々なガイドにリンクを張っており、さらにその他の役立つサイトにもリンクしている。

二つめのタイプは、子どもに対するインターネットサイトの案内である。その最も有名なものは、ALAの一部門である児童図書館協会（Association for Library Service to Children : ALSC）の「子どもと技術」委員会（Children and Technology Committee）がまとめた「子ども向け優良サイト700プラス（700+ Great Sites for Kids）」(http://www.ala.org/parentspage/greatsites/) である。ALAは他にも、子どもや青少年を年齢層に見合った適切なサイトに導くための、親、教師、図書館員が利用できる情報源を作成・公開している（http://www.ala.org）。多くの図書館が、児童サービスコーナーの初期画面に使う子ども向けのホームページから、これらの情報源にリンクを張っている。これらの情報源やそれ以外の案内資料を印刷してインターネット用PCの側に置いている図書館もある。

親の許可

図書館におけるフィルタリングに代わる最も一般的な方法は、18歳以下の利用者にはインターネット用PCの使用を許可する前に、親の明白な同意を文書で提出してもらうというものである。親の同意を得ているかどうかを確認するために、図書館は、未成年者がインターネットを利用したいと言ってくる度に同意書のファイルをチェックするか、同意書を提出した人の図書館カードに親あるいは保護者が同意済だという印をつけることになる。どちらにしても子どもがインターネットを使用する際に署名してもらうのがよいだろう。しかしこの方法は、年齢にかかわらず自由なアクセスを、というALAの姿勢に反するものである。もっとも図書館がALAの『図書館の権利宣言』および『読書の自由宣言』を自館の方針として採択している場合にのみ生じる問題であるが。

＊ 行方不明の子どもを捜すための支援や、子どもを誘拐、いたずら、搾取から守る方法についての啓蒙を行う非営利団体。

> ### フォーカス：ラウドン・カウンティ
>
> 　バージニア州東部地方裁判所のレオニー・M・ブリンケーマ（Leonie M. Brinkema）判事は1998年11月23日、メインストリーム・ラウドン他対ラウドン・カウンティ図書館評議会裁判の判決を下した。この判決は、図書館のインターネット・フィルタリング運用方針に深いかかわりをもっているものである。ブリンケーマ判事は、図書館のフィルタソフト使用は「自由な言論の保障を妨げる」とし、バージニア州ラウドン・カウンティの地方行政当局がオンラインアクセスを制限することを禁じた。
>
> 　これは、裁判所が、憲法修正第1条で定められた権利が公共図書館におけるインターネット利用に適用されると認めた最初の判例であり、非常に重要なものである。判事は、無条件でブロックすることは「事前制限」を構成し、それは裁判所がほとんど支持できない検閲の一形態にあたる、とした。また、図書館は、情報の内容に基づいた判断をする際、憲法修正第1条を考慮しなければならないし、青少年保護の口実の下に成人のアクセスを制限するいかなる図書館の手続きも憲法違反であるとした。またブリンケーマ判事は、バージニア州の他の図書館は、子どもがインターネットで性的に露出度の高い資料を見ることを制限するためのより制限の少ない方法、例えばプライバシースクリーンを付けたり、子どもが使う機械にだけ選択的にフィルタを使用したりする方法をとっていることを示した。

学校図書館におけるフィルタリングへの対応

　School Library Journal（SLJ）誌は1997年4月号で、SLJの調査に回答を寄せた学校図書館の77％が、ブロッキングソフトを使っていないと報じた。ブロッキングソフトを使っていると回答したのは19％、残りの4％は無回答である。学校図書館員は、個別の親子関係に立ち入りがちなため、最もブロッキングソフトを使う可能性が高い館種であろう。そのため、この調査結果は驚きである。

　自館でこの問題に決定を下す前に、学区やキャンパスのレベルの運用方針がないかどうか調べ、もしあれば、それが自由なアクセスに関してどのように規定しているか調べてみる必要がある。図書館のインターネット利用についての運用方針を導入する際、校長や教育長がどれくらい支援してくれるか探ることも必要で

ある。

運用方針上のフィルタリングに関する表現

　6-1は、フィルタを使用しない図書館の運用方針の典型例である。この方針は、図書館の自由なアクセスを提供しようとする意思を明確にし、親が子どものインターネット利用を監督すべきであるということを明言し、さらに「子どもの安全」文書を紹介している。

　カリフォルニア州バークレー公共図書館の「インターネット利用に関する運用方針」(http://www.ci.berkeley.ca.us/bpl/files/usepolicy/html、第1章をも参照)は、より簡潔である。それは、非常に短い運用方針で、本質的に図書館にはインターネット利用を監視する責任はないことを述べている。第二段落——最後の段落だが——では、図書館は子どもの利用を制限しないと明言している。

　　　バークレー公共図書館は、インターネット経由でアクセスされた情報について、監視も制限もしない。またその内容について責任は負わない。他の図書館資料と同様、児童のインターネット利用を制限するのは、親または法的保護者の責任である。

　バークレー公共図書館の短い運用方針とは逆に、メリーランド州ウィコミコ・カウンティ図書館は、子どもの安全を確実にするために、「石橋をたたいて渡る」方式で運用方針を詳しく記述している。フィルタソフトの使用のみならず、プライバシースクリーンおよび先に述べたガイド付き利用の3種類すべての方法——文献および子ども向け案内、職員による案内、年齢層に応じた資料へのリンク——を用いると宣言している。ウィコミコ図書館の運用方針はいくつかの点で変わっているが、最も特徴的なのは、この方針が方針だけでなく、方針が作成された過程をも記述しているということである。興味深いことに、同図書館は、ブロッキングソフトのデフォルトの設定を変更することはしないと明言している

121

(6–2)。

　公共図書館のインターネット利用にフィルタをかけるというボストン市の決定(6–3) は、図書館界に波紋を投げかけフィルタリングの問題点とメリットについて濃密な議論を引き起こした。インターネットは潜在的に論争を起こすような資料を含んでいるが、図書館は資料の利用を検閲しないし、不快かもしれない情報から利用者を守ることもしないという標準的な免責事項を含みながら、続けて、図書館は（すべてのPCではないにせよ）インターネットのアクセスにフィルタをかけると運用方針が述べていることに、皮肉を感じる人もいるだろう。賢明にもこの運用方針は、フィルタソフトがあっても不快な資料に出くわす危険があり、親が監督することが必要だと警告している。

　同様の——しかしもっと強い言葉で書かれた——運用方針は、ヒューストン公共図書館のものである (6–4)。この運用方針は、「子ども用PC」と特別に名づけられたPCにおいてのみアクセスにフィルタをかけるとし、フィルタリングは絶対確実な安全装置ではないと注意を促し、親の監督を強く薦め、さらに、他の運用方針で既に紹介したのと同様の安全のためのオンラインガイドを提示している。いくつかのPCにフィルタをかけるという運用方針は、年齢にかかわらずすべての利用者に制限のないアクセスを提供すべきだというALAの方針とは一致しないものの、多くの図書館が賢明で防衛可能だと思うような、そしてまた、図書館内のすべてのアクセスを子どものレベルまで落とすことなくいくつかのPCでは保護付き利用を子どもに提供できる、中道的な戦略を表している。

　次の節では、図書館管理者がフィルタをかけるかどうかの意思決定をいかに処理したか、それも市民、市議会、そして図書館職員からさえも寄せられるフィルタへの圧力のなかで、という現実世界の状況を簡単に取り上げ、紹介することにしよう。

現実社会の中ではフィルタリング方針はどのように機能するか？

　第1章で、運用方針は到達点ではなく変化し続けるプロセスであることを述べ

た。このプロセスの関係者は、常に現状を評価しどうすべきかを判断しつづけなければならない。次の5つの事例は、1996年から98年の間の、いくつかの図書館の状況を述べたものである。館名は明らかにしないが、類似の話をご存知ならばそこの図書館の話かもしれない。

事例1：最初からフィルタをかける場合

このカウンティの図書館システムは、都市部の約200万人にサービスを提供している。技術的に熟達していた上に積極的だったため、図書館は早くからインターネットを導入しており、図書館長は市当局にインターネットアクセスのための予算要求をしていた。計画作りの会議で、カウンティの行政官はアクセスにフィルタをかけることに賛成である旨、図書館長に伝えた。館長はこの件について図書館の管理職と話し合ったが、フィルタをかけるべきでないと強く主張する者はいなかった。なぜならば、この問題に関する財政当局やコミュニティとの長期戦で打撃的な政治的戦いを迫られたという恐ろしい話を、他の図書館から聞いていたからである。図書館は、すべてのPCに最初からフィルタをかけるのが最もよいという結論を出した。

事例2：フィルタリング論争

この市立図書館は、市内の約50万人にサービスを提供しており、市民の思考傾向は他の一般的な都市よりリベラルであった。図書館は、フィルタをかけずにインターネットサービスを開始した。図書館の運用方針は、市民の知る権利を明言し、職員は保護者に対して情報ハイウェイにおける子どもの安全のための説明を行い、年齢層に応じた適切なサイトをWebページにあらかじめリンクしておいた。すべてが順調だった――しばらくの間は。しかし、図書館にこの運用方針の再考を迫る2つの事件が発生した。最初の1件は、明らかに児童ポルノである資料をインターネットから打ち出そうとした利用者を図書館員が見つけ制止したという事件である。2件めは、大人の利用者が子どもたちに、インターネット上の性的に露出度の高い資料へのアクセスを教えているのを分館の職員が目撃した

という事件である。図書館職員の中には、このようなできごとがセクシャルハラスメントだと感じる者もいた。また、図書館が州のわいせつ条例で訴追されるのではないかと懸念する職員もいた。市当局は図書館に、すべてのPCにフィルタソフトをインストールするよう指導した。しかし、それが実行に移されると、利用者からいくつかのサイトにアクセスできないという苦情が出た。また、市民権活動グループは図書館にフィルタソフトを取り除くよう圧力をかけてきた。図書館は関係グループとの協議の結果、最も不快なサイトを除いてはブロックしない、利用者の求めに応じて特定のサイトのブロックを外すことを考慮すると同意した。職員はソフトウェアを調整してブロックを外すために多大な時間を費やしたが、市民権活動グループは、修正第1条で認められた権利を図書館が侵害しているとして、訴訟の可能性を協議しつづけている。最近、図書館委員会は市議会に対し、いくつかのPCでフィルタなしのアクセスを提供するよう勧告した。

事例3：図書館委員会の分裂

　小規模な地方のコミュニティの図書館である。インターネット用PC2台を導入するための補助金を州から獲得した。その直後、図書館委員会のメンバーの一人が、インターネットで性的に露出度の高い資料が見られることについて問題提起した。地域、州、および全国の図書館団体の援助を受け、図書館長は自由なアクセスのための申立てを行い、委員長を含めた図書館委員会の多数派の支持を得た。するとフィルタリング賛成派のメンバーは市議会にこの問題を持ち込んだ。市議会は妥協案を勧告した。それは、1台のPCにはフィルタをかけ、もう1台はかけないままにしておき、市民の公聴会を開こうというものであった。多くの市民が、インターネット上の有害資料の危険に対する懸念を表明するためにこの公聴会につめかけた。多くの議論を経て市議会は投票を行い、1台のPCにはフィルタをかけ、もう1台にはかけないという体制で、図書館でインターネットを提供し続けることを1票差で決定した。

事例4：法律制定へ

インターネット利用が既に導入されていた大規模なカウンティの図書館システムで、全国的家族活動団体のメンバーがクリスチャン・コオリション[*]と協力して、カウンティ内の子どもを性的に露出度の高い資料から守るためにインターネットアクセスにフィルタをかけるよう図書館に要請してきた。図書館職員および図書館委員会の回答は、自由なアクセスは年齢にかかわらずすべての利用者に保障されるべきであるというALAの立場を支持するものであった。フィルタリング賛成グループは総力をあげて図書館および特に館長にキャンペーンを行った。彼らは館長をポルノ愛好家と呼び、近づきつつある図書館税を上げるための住民投票で反対票を投じるよう有権者に訴えた。より重大なことには、このグループは図書館委員会からの回答には満足せず、州議会に闘いの場を移したのである。そこですべての図書館にフィルタリングを求める法案を提出してくれる議員を見つけたのだ。州内の図書館長による激しいロビー活動の結果、この法案は否決された。最終的に、州内のすべての図書館が利用に関する運用方針を整備することで決着を見た。

事例5：フィルタなしの利用

保守的な地域の人口1万3千人の町にサービスしている地域図書館の館長は、図書館内でインターネットに自由にアクセスできるように規定する運用方針を起案した。館長がそれを市管理者に提出したところ、市管理者は、利用者のプライバシー保護に関する部分を強調するよう求めた上で承認した。運用方針は発効したが、インターネットの内容に懸念をもった職員は、子どものインターネット利用に関して親の許可を求めるようにした。職員は図書館でインターネットを利用できるようになったことを広報し、運用方針を公開した。館長は、フィルタソフトをインストールするよう求める論争が起こるものと気を引き締めてかかったが、誰もそれを求めてこなかった。市民はインターネットを利用しに大挙して押

---

[*] Christian Coalition　ラルフ・リード（Ralph Reed）が率いた右派の宗教団体。共和党最大の利益団体の一つと言われる。

し寄せ、現在までのところ、子どもが性的に露出度の高い資料を見てしまうという事件は起こっていない。

　しかし、館長（女性）にこの運用方針について心配させるような事件が2回起きた。最初は、利用履歴ファイルをチェックしたときに、児童ポルノのサイトにアクセスされた形跡が見つかったことである。館長はその履歴を削除し、PCにプライバシースクリーンを設置することで対処した。二度めの事件は、館長がいる前で性的に露出度の高い資料を見る利用者がいたことである。館長は当該利用者の行動に不安を抱き、市警察に時々館内を制服で巡回するよう求めた。当該利用者に対して警察も職員も一切言葉をかけず、警察が近づくこともなかったが、最終的に当該利用者は図書館に来なくなった。

6-1　子どもによるインターネット利用に関する運用方針の例

子どものインターネット利用

　親、後見人および保護者は、インターネットも含めた子どもの図書館資料の利用に責任をもっている。図書館職員は子どもが選択したインターネット情報資源を監視できない。子どものインターネット利用を制限することは、親、後見人および保護者のみに許される責任である。親および児童は、遺棄または搾取された児童のための全国センターとインタラクティブ・サービス協会[*]（Interactive Services Association）が共同で製作した、「情報ハイウェイにおける子どもの安全」を読んでおくべきである。

　図書館職員は、利用者および利用者の子どもがインターネット上で情報を探すのを喜んで援助する。

保護者へのおねがい

・お子さんと一緒に図書館に来る機会を作って下さい。
・お子さんと一緒にインターネットのサイトを見てみて下さい。
・インターネットに関する最近の傾向をつかんでおいて下さい。
・インターネットで情報を探すとき図書館員に手助けを求めるようお子さんに勧めて下さい。

出典：ラスベガス—クラーク・カウンティ図書館（Las Vegas-Clark County Library District）
　　　（http://www.lvccld.lib.nv.us/policy.shtml）

---

[*]　顧客へのオンライン相互サービスを世界規模で推進／開発する企業を代表する業界団体。

6-2　電子情報利用に関する運用方針の例

電子情報の利用

　ウィコミコ・カウンティ図書館（Wicomico County Free Library）評議会は、市民が電子情報というこの新しい世界を最大限有効に使うことができるよう、手助けすることを目指しこの運用方針を作成した。決してアクセスを制限するために作成したものではない。WCFL評議会および図書館職員は、インターネット上のテキストおよび画像へのアクセスを提供する。そして予算が許す範囲で、アクセスを提供するためにPCを配備する。これらのPCは、すべての年齢の利用者が利用できる。運用方針作成の検討の中で、図書館評議会は公共図書館サービスの基本原則を再確認した。それは、図書館評議会および職員には、利用者や利用者の子どもがどのような資料を選択し利用するかを決定する権利はないということである。利用者の個人的あるいは家族の価値観や許容範囲にふさわしいと思われる資料を定義することができるのは、利用者のみである。利用者だけが、図書館を利用する際、自分や自分の子どもたちにそれらの価値観を適用することができる。

　しかしながら、インターネットの特殊な性質に鑑み、図書館評議会および図書館職員は、コミュニティ全体の電子的情報資源利用を促進する次のようなサービスを提供することが図書館の責任であると感じている。

- インターネットに対して文字情報だけ利用できるPCと、画像情報を提供するPCとを図書館内に置く。
- 図書館職員は、WWW（World Wide Web）上にホームページ（http://www.co.wicomico.md.us/library.html）を開設し維持する。そこで職員が選んだ様々なリンクや検索ツールを提供する。それらのリンクは、利用者にWWWを案内するため業務として職員が選択したものである。職員は定期的に選択したサイトを監視する予定でいる。しかし、これらのサイトは職員が知らないうちに、急に予告なく変更される場合があることに注意されたい。
- フィルタソフトを購入し、児童コーナーにある3台のWELL（Wicomico's Electronic Learning Library）PCにインストールする。このフィルタソフトは、Internet World誌の1996年9月号に掲載された評価に基づいて選定された。図書館は、ソフトウェア製品が提供するブロック対象サイトを変更することはしない。
- プライバシースクリーンを購入し、インターネットへの画像アクセスを提供し

ているPCに設置する。
・「情報ハイウェイにおける子どもの安全」と題する小冊子のコピーを購入し、無料で配布する。
・図書館職員は、インターネット利用者への指示や援助が書かれている優れた図書を選書、購入する。
・図書館職員は、インターネットの有効な利用に関する定期的な研究会、講習会を行うほか、個人への利用指導も行う。

出典：メリーランド州ウィコミコ・カウンティ図書館
　　　(http://www.co.wicomico.md.us/library/access.html)

6-3　　　　子ども用PCに関する運用方針　例1

ボストン公共図書館（Boston Public Library）におけるインターネット利用

　インターネットは世界規模の電子的ネットワークである。インターネットで入手できる情報資源は、ボストン公共図書館の蔵書を補い完全なものとする。図書館を通じて利用できるインターネット情報資源は、すべて図書館利用者に平等に提供される。ボストン公共図書館は、インターネット経由でアクセスされる情報を監視したりコントロールしたりしない。また、その内容に責任を負うこともできない。インターネットやインターネット上の情報資源は、論争を起こすような性格の資料を含んでいる可能性がある。しかしボストン公共図書館は、資料利用を検閲しないし、不快に思うかもしれない情報から利用者を守ることもしない。図書館利用者は自らの裁量でインターネットにアクセスし、アクセスした先がどんなものであれ利用者自身に責任がある。
　ボストン公共図書館は、子どもが一部のWebサイトを見てしまうのを避けるためにフィルタソフトを入れたPCを提供する。ソフトウェアは、一部の利用者に不快感をもたらす可能性のある特定のサイトをブロックする。フィルタソフトは、不快に思われる可能性のある資料をすべてブロックできるものではない。親が子どものインターネット利用を監督することが望ましい。親の許可があれば子どももフィルタをかけていないインターネット用PCを利用することができる。

出典：マサチューセッツ州ボストン公共図書館
　　　(http://www.bpl.org/WWW/Internet_pol.html)

6-4　　子ども用PCのフィルタリングに関する運用方針　例2

子どもの利用に対する監督

　保護者または法的後見人が、どの図書館資料が自分の子どもにふさわしいか判断する責任を負うというのが、図書館の方針である。親から見ると自分の子どもには不適切ではないかと思われそうな情報もあるかもしれない。親は、利用して欲しくない資料があるということを、子どもに教えなければならない。親は、子どものインターネット利用を監督しなければならない。図書館内の何台かのコンピュータは、子ども用に設定されている。子ども用のコンピュータは、インターネットへのアクセスにフィルタソフトを用いている。だが、人によって不適切だと考える可能性のある資料すべてをコントロールできるフィルタソフトはない。保護者は、遺棄または搾取された児童のための全国センターが推奨する「オンラインにおける安全に関する規則」にそって、子どもを指導しなければならない。これらの規則は、図書館の子ども用ページを利用する子どもたちには、くり返し表示されている。

出典：テキサス州ヒューストン公共図書館（Huston Public Library）インターネット
　　　(http://sparc.hpl.lib.tx.us/hpl/policy.html)

参考文献

American Civil Liberties Union. "Censorship in a Box: Why Blocking Software Is Wrong for Public Libraries." *http://www.aclu.org/issues/cyber/box.html.*

"Blocking Software Not Yet Widespread." *School Library Journal* 43 (April 1997): 16.

Burt, David. "In Defense of Filtering." *American Libraries* 28 (August 1997): 46-48.

Champelli, Lisa. "Respond to Inaccurate Perceptions of Porn on the Net." *The Internet Advocate. http://www.monroe.lib.in.us/~lchampel/natadv1.html.*

Child Safety on the Information Highway. *http://www.4j.lane.edu/safety/*

Johnson, Doug. "Internet Filters: Censorship By Any Other Name?" *Emergency Librarian* 25 (May-June 1998).

Langland, Laurie. "Public Libraries, Intellectual Freedom, and the Internet: To Filter or Not Filter." *PNLA Quarterly* 4 (Summer 1998): 14-18.

Minow, Mary. "Filters and the Public Library: A Legal and Policy Analysis." *First Monday* 2 (12). Also available at: *http://www.firstmonday.dk/issues/issues2_12/minow/.*

Schneider, Karen G. *A Practical Guide to Internet Filters.* New York: Neal-Schuman, 1998.

―――. "Figuring Out Filters: A Quick Guide to Help Demystify Them." *School Library Journal* 44 (February 1998): 36-38.

―――. "Selecting Internet Filtering Software: Buyer Beware." *American Libraries* (May 1997): 84.

第7章 ガイド付き利用と図書館の運用方針

　最近、図書館は、子どもやヤングアダルトあるいは大人たちを図書館の使命および役割、その他図書館の方針にあった内容のサイトに導くために様々なテクニックを用いている。このようなテクニックには、有用なリンクを含む図書館のWebページ開発、一対一の指導や援助、利用者を有用なサイトに案内したり子どものインターネット利用監督について親に助言したりする印刷物の発行などが含まれている。

　これらフィルタリングに代わる様々なものは、ガイド付き利用を提供しようとする図書館の取り組みのほんの一部であり、またなぜ図書館が運用方針の中でガイド付き利用に言及するようになったのかという理由を示してもいる。この章ではガイド付き利用について検討する。まず、次の3つの重要問題から始めよう。

- なぜこのような援助を行うのか
- 図書館ではどのようなレベルの援助が適当なのか
- 運用方針でどのように提供するかを明確にすべきか

続いて、次のようなガイド付き利用の方法とその意義について述べる。

- 印刷物によるガイド

- 図書館 Web ページ
- 職員の代行検索
- 一対一の援助
- 略式のグループ講習
- 正式な講習会

図書館の運用方針はガイド付き利用に影響を与えるか？

なぜガイドをするのか？

　この質問は、ある人々にとっては誘導尋問のように聞こえるかもしれない。図書館はサービス機関であり市民にサービスするために存在する。実際、新しいサービスを始めておいてそれを利用するためのトレーニングを提供しないならば、それはサービス倫理の欠如といわれても仕方がないだろう。ほとんどの図書館がインターネットだけでなく他のサービスについても可能な限り利用を支援したいと思っていること、図書館員が強いサービス志向性を有しており、資源が許す限り多くのガイダンスを利用者に提供しようとする自然な傾向をもっていることはいうまでもない。しかしこれは単に修辞的な質問ではない。図書館によって対象とする利用者のタイプは異なる。ある図書館の利用者は訓練や援助を完全に必要とする一方、そんなことをしなくともうまくやれる人たちもいる。次のような事項を明確にすることにより、我々は、なぜ援助するのかという問題をよく考えなければならない。

- 利用者に利用教育を提供する動機
- サービス対象の人々の知識レベル
- インターネット利用者援助に割り当てられる優先順位
- 職員がインターネットについて一貫した情報を提供できるようにする方法

　利用者への援助には様々な理由がある。フィルタリングに代わる代替案とし

て、情報資源利用の活性化のため、利用者が図書館サービスから最大限のものを引き出せるようにするため、自宅からのアクセスでは得られない付加価値サービスを地域に提供するためなど。ここに挙げたのは、そのほんのわずかな要素に過ぎない。この問題にどう答えるかによって次の質問に対する回答が決まることになる。

どのようなレベルのガイダンスが適当か？

　この章では、主として利用者に提供できる援助のレベルを検討する。しかし図書館が決定できるのはどれが自分の図書館にとって適当かということくらいである。答えは次のようなその図書館ごとの特定の要因によっている。

- 利用者の知識および全体的な援助の必要レベル
- 利用者援助に活用できる職員の数
- 職員の知識レベル
- PCの数
- 図書館の館種
- 図書館のフィルタリングに関する運用方針

　利用教育および援助は労働集約的な業務であるため、コストのかかるサービスである。が、それは図書館が提供できる最も価値が高いサービスとなる可能性があるものであり、図書館のインターネットサービスが他のインターネットプロバイダが提供するものとは異なるところでもある。利用教育やガイダンスが効果的であるためには、それがサービス対象の人々に見合っていなければならない。大学図書館で提供されているものと同じ内容・レベルの利用教育が地方の公共図書館で実施されることは適切だろうか。インターネット利用経験がないもしくは非常に少ない小学4年生に対して図書館のWebページによる利用教育だけで十分だろうか。公共図書館におけるインターネット情報源についての案内は、学校図書館でも有効だろうか。公共図書館において、個人の熟達度に関係なくすべて

の利用者にインターネット講習会への出席を求めることは必要だろうか。これらの質問への回答は、単一の対応ですべてを解決することが困難だろうことを示唆している。それぞれの図書館の状況を見てみると、様々なレベルの人々が存在しそれぞれ別の要求をもっていることがわかるだろう。

運用方針の中でどの程度「ガイド付き利用」を提供するかを明確にすべきだろうか
　この問題を考えることは、すなわち職員がインターネットに関し利用者とどのようにかかわりあえるかを熟考することである。また一方で、その館の運用方針がガイド付き利用の内容に言及するのに適当な場所であるかよく考えるということでもある。インターネット運用方針は図書館により様々である。利用原則についての一般的な声明のみ謳っているところもあれば、許容される利用と禁止事項についてのみ記述しているものもある。利用者にサービスするためにいかにインターネットを使うかという、運用方針というよりむしろ職員のマニュアルに近い情報を詳述しているところもある。そして多くの図書館は、図書館の責任範囲の明確化とそれ以上の責任を否認するために運用方針を使っている。インターネット運用方針にガイド付き利用に関する事項をどこまで書き込むかは、その館の運用方針文書をどのように書くかに依存しているのである。もしその館の運用方針がバークレー公共図書館の運用方針（http://www.ci.berkeley.ca.us/bpl/files/usepolicy/html）[*]に似ているならば——つまり簡潔で要を得たタイプの利用方針であるならば——多分、訓練について運用方針の中で詳細に述べるのは適当ではないだろう。逆に、その館の運用方針が詳細なものであるならば、利用者にどのようなレベルの訓練や援助が期待できるか知らせる手段として使ってもよいかもしれない。
　職員やサービスの限界について検討する際、責任範囲の明確化という視点も重要になってくる。資源に限界があり職員配置が既に手薄になっている場合に、利用者が要求する利用教育や援助はできないということもありうる。サービス地域が高いレベルの対応を期待するところであったり、あるいは新しいサービスのための利用教育が他の仕事を圧迫すると職員が心配したりしているならば、どの程

度トレーニングするか明確にするために運用方針を使う必要があるかもしれない。このことは本質的に運用方針を利用教育に関する責任範囲の明確化に使うということである。このような責任範囲の明確化は、インターネット運用方針の共通の要素である。

図書館はどのようなガイダンスを行うのか？

印刷物によるガイド

　これは最も基本的な手間のかからないガイド付き利用の形態である。印刷ガイドは、どのようにしてインターネットおよびホームページを利用するかを利用者に知らせる何らかの文書を掲載している。その文書には次のようなものが含まれている。

・子どものインターネット使用を監督する親や教員のための保護者への案内
　「情報ハイウェイにおける子どもの安全」(http://www.4j.lane.edu/safety)はこのタイプの文書の一つである。同様のものに、アメリカ図書館協会（ALA）が発行した「サイバースペースの親と子のための図書館案内」(The Librarian's Guide to Cyberspace for Parents and Kids) がある。これは50部までは無料でALAに注文できる。ALAは写真製版用のアートワークも無料で配布している。ボルチモア・カウンティ図書館（Boltimore County Public Library）のWebサイトは「親のコーナー」(Parent's Corner) と称する同様のページと親向けの情報ページへのリンクを提供している。(http://www.bcpl.lib.md.us/kidspage/parents.html)
・子どもに適したインターネットサイトのリスト
　これはジーン・アーモール・ポリー（Jean Armor Polly）がつくった「イン

＊　現在のバークレー公共図書館の運用方針URLは http://www.infopeople.org/bpl/system/usepolicy.html である。ただし内容は改訂されている（last access 2003/03/29）。

ターネット子どもページ*」のような本ほどの長さのガイドやALAの「図書館員によるサイバースペース・ガイド」（Librarians guide to cyberspace）などが含まれる。後者には「インターネット上の優良サイト50プラス」（50+ Great Sites on the Internet）が含まれている。
- インターネットで特定の主題についての情報を探す学生や大人のための情報資源ガイド
- あらゆる年代の利用者にインターネットを効果的に使うにはどうしたらよいかを理解してもらうための利用教育的ガイド。ブラウザや電子メール、ftpなどのソフトの使い方やちょっとした検索技術を含んでいる。

図書館Webページ

　印刷できるものはどんな情報でもWebページへ掲載することができ、利用者は館内からでも家やオフィスからでも見ることができる。ニューヨーク公共図書館は「インターネットのための安全ネット」（http://www.nypl.org/branch/safety.html）というページを運営しているが、これは子どもたちのインターネット利用を監督する親へのちょっとした情報を含む図書館Webページの好例である（7-1を参照）。しかも、その中で記述されているたくさんのインターネット安全利用のためのガイドは、オンラインで見ることができ、さらに自館のホームページにリンクすることができるのである。もし年少の利用者に子どもに適したサイトを紹介したいと思ったら、ALAの「子ども向け優良サイト700プラス」（http://www.ala.org/parentspage/greatsites/amazing.html）へリンクすればよい。それは様々な主題へ案内している。小さな地域図書館が広範囲のインターネット情報資源案内ページを構築している例として、テキサス州プレインヴュー（Plainview）のアンガー記念図書館（Unger Memorial Library）（http://www.texasonline.net/schools/unger/）を挙げることができる。サンディエゴ公共図書館のWebサイトもあらかじめ選択されたインターネットサイトのリスト（http://www.sannet.gov/public-library/searching-the-net/subject.html）を作成している。また、ここでは数多くのサーチエンジンへのリンクを提供し、それぞれのサーチエンジンで何ができるか、

どう使うかをガイドしている（7-2を参照）。

　このようなWebページは、インターネット利用を促進するばかりでなくインターネット情報資源をその地域の関心にあったものに変える役割を果たす。それはまたインターネット上の情報検索に関する援助を求めている利用者に対し最初の案内となることによって、職員の仕事を軽減する役割も担っている。また子どもに特化したWebページは、図書館がフィルタリングの力を借りずに正当な情報源に子どもたちを案内するパートナーとなることを助けるのである。

職員の代行検索

　職員は利用者に様々な方法で教えることが可能である。この章におけるガイド付き利用の例のほとんどは、利用者に直接インターネットを利用させることを想定している。しかし利用者のために職員がインターネット代行検索を行う図書館もある。かつてはこのようなやり方が標準的であった。多分インターネット用のPCが1台しかなかったためであろう。しかしそれは直接利用させるよりはるかに労働集約的であるため、ほとんどの図書館では間接的な利用を残しておこうという意識的な判断でもないかぎり、直接利用に切り替えている。もし代行検索を残すのならば、図書館のインターネット運用方針に必ずなぜそうするかを説明しておく必要がある。

一対一の援助

　職員がインターネットを利用する利用者へ提供するガイダンスの中で、一対一の援助は疑いなく最も日常的なことである。どのような利用教育やガイダンスの提供を決意したとしても、ほとんどの図書館では一対一の援助が日々の業務として発生することは間違いない。レファレンスライブラリアンや児童ライブラリアン、また小さな図書館では貸出カウンターの職員もが、山のようなインターネットに関する質問やソフトウェア、ハードウェア障害について答えることになる。

　　　　＊　Internet Kids Yellow Page, Osborne/McGraw Hill, 1996.

実際、多くの図書館では、職員が可能な範囲でのみ援助するという注意書きがインターネット運用方針の中に書き込まれているほどである。
　一対一の援助の性格は、図書館によってかなり異なっている。直接援助を主要な方法としている図書館では運用方針の中でも述べられ、スタッフマニュアルでも奨励されている。他の図書館では、講習形式の正式な利用教育の方が強調されているかもしれない。また、一対一で行われる利用教育の内容は図書館によってたいへんまちまちである。あるところでは、公式のプレゼンテーション内容がテキスト化されているが、使える時間とお金の範囲で最大可能なレベルを提供するという条件で当番の専門職員に任されているところもある。
　いずれにせよ、一般的な図書館インターネット運用方針は、一対一の援助に触れている。職員の援助に関する２つの運用方針の例を紹介しよう。最初のものは、ニューヨーク州モンロー・カウンティ図書館システム（Monroe County Library System）の運用方針である（http://204.97.3.3/mclspolicies.html）。

　　モンロー・カウンティ図書館システムの職員は、全員がインターネット初級講座を修了しており、かつ今後より集中した訓練を受ける予定である。しかし"ネットサーフィン"は我々すべてにとって新しい経験であり、多くの場合、図書館職員は利用者と共にこの情報源の使い方を学ぶことになる。インターネット利用を援助することは我々の喜びとするところであるが、おそらく高度なトレーニングを提供することはできないし開館時間中訓練を受けた職員を常時配置することもできない。地域の図書館に置いてあるコメントカードを利用し、このサービスについての考えや質問を我々にお知らせいただきたい。自習用のインターネット利用案内は地域の図書館で入手可能である。

　他の多くの運用方針と同様、この文章は職員が提供できるトレーニングと援助の限界を強調している。なぜまだ高度の支援ができないのか述べ、いずれサービスが拡大されることを約束し、さらにこの運用方針への意見を提出する方法も示

すという非常に洗練された見事な例である。テキサス州ダラス公共図書館（Dallas Public Library）の「インターネットの利用方針」（http://205.165.160.15/policy.html）の表現もほぼ同じである。

> 図書館はWWWのホームページを作成した。これは、インターネットで情報検索をする利用者を援助するためであり、また、職員が図書館のホームページ上でスタートポイントを確認しそれを利用者に勧めることができるようにするためである。利用者はインターネット利用を奨励されるが、必要な情報は図書館のもっと伝統的な情報源の中で容易に見つかる可能性がある。それらの情報がどこに存在しているか探すことについては、図書館職員が利用者を援助するだろう。
>
> 図書館職員は喜んで利用者のインターネット利用を援助する。が、検索結果については利用者自身が責任をもたねばならない。また、職員は個人に対しインターネットの利用やコンピュータについて高度な支援をすることはできない。

この運用方針の興味深い点は、インターネットと伝統的な資料の関係に言及していることおよび職員が提供できる援助の限界をくり返し述べていることである。

略式のグループ講習

図書館が複数の利用者に対し、まとめてインターネットの使い方を指導する場合がある。その一例を挙げると、サービスエリアや会議室の端末機の周りに利用者を集め、短時間で略式の講習会を行うというものである。一対一の指導と異なり、講習の時間は、利用者のニーズではなく図書館の都合で設定される。多くの図書館でインターネット導入当初にグループ形式の講習を行い、利用者にインターネットを使う前に講習に参加することを求めている。例えば、スポーケン公共図書館の運用方針（http://splnet.spokpl.lib.wa.us/internet-policy.html）は、「図書館は、図書館のインターネット端末を利用しようとする利用者に対しオリエンテー

141

ションへの参加を要求する権利を有する」という条項を持っている。

略式のグループ講習は、通常、正式なものより短く、また内容も、正式なものがインターネットサーチ、通信、利用に関するシステマティックで高度な講習を行うものであるのに対し、インターネットと図書館の運用方針、手続きなどについてのテーマをカバーする程度にすぎない。

正式な講習会

図書館が提供できる最も高度なトレーニングの場は、正式な講習会である。それは次のような性格のいくつかあるいはすべてを含んだものである。

- 事前に市民に知らされたスケジュールに基づいて行われる。
- 参加者数に制限があり、事前に予約が必要である。
- トレーニングのいくつかあるいはすべてがクラスルームか実習室で行われる。
- 講習会は1人の講師によって行われ、教室環境に求められるカリキュラム、配布資料、演習課題などのテクニックを使用する。
- 最低限、インターネット資源、通信、調査戦略、さらに図書館の運用方針や手続きについての基本的な理解を受講生に伝えられるだけの時間をかける。

略式のグループ講習と同様、図書館が利用者にインターネットを使う前にこのタイプの正式な講習会に参加することを求める場合がある。が、そのような求めは正式な講習会より、略式のものの場合に行われる方が多いだろう。正式な講習会は、教えるのに適した環境がそろっている学校や大学の図書館で行われるのが一般的である。とはいえ公共図書館でも、地域への付加的な情報サービスとして、またレファレンス担当や貸出、児童担当職員の負担を軽減するために行われ始めている。

正式なトレーニングについては、インターネット運用方針で言及してもよいし、しなくてもよい。ニューメキシコ州リオ・グランデ・ヴァレー図書館システ

ム（Rio Grande Valley Library System）運用方針（http://www.cabq.gov/rgvls/internet.html）は、「インターネット講習会は計画的に実施する」と述べ、貸出カウンターに問い合わせるように指示している。また、オハイオ州のメディナ・カウンティ地区図書館（Medina County District Library）の運用方針（http://www.medina.lib.oh.us/guidelines2.html）には、ガイド付き利用についての記述があり、その中では、図書館が選択したWebページへのリンク、一対一の指導および講習会が言及されている。具体的には次のとおりである。「図書館職員は、利用者一人一人に図書館ホームページの基本的な使い方やリンクされているインターネットサイト利用に関する基本的な知識を教授する。また電子資料の利用についての講習会を、各地域図書館で定期的に行う」。

アラスカ州ジューノー公共図書館（Juneau Public Library）（http://www.juneau.lib.ak.us/library/libsvcs.htm）の運用方針には、インターネットサーチやWebページ作成講習会の開催を知らせる場所を示し、さらに「特定の要求をもった人々のための特別なクラスは別途開催する」と述べている。

最後の事例は、フロリダ・アトランティック大学（Florida Atlantic University）（http://www.fau.edu/wise/wisetrain.htm）のものである。大学においてはトレーニングを強調するのが一般的であるが、この大学はその典型である。ほとんどの学校や大学のインターネット運用方針と同様に、この文書も図書館職員でなく大学当局によって準備されたものである。にもかかわらず、正式な講習会について非常に明快である。

> フロリダ・アトランティック大学のWWWシステムの使用法トレーニングおよびWISEチームの開発者になりたい者のための講習会は、IRM[*]の大学／研究機関支援サービスのエンドユーザサービスグループによって行われている。この訓練は、現在のところ教職員向けであるが、キャンパスの様々

---

[*] Information Resources Management 情報技術資源の提供により教育・研究に資するための同大学の情報資源管理部門。http://www.fau.edu/irm

なサークル活動のホームページを作成しようとしている学生は参加することができる。最新のスケジュールは手元のパソコンから出力できるので、その中から参加したいコースを選ぶこと。

この運用方針は、さらにトレーニングやクラスへの申込み方法やそれぞれのクラスの内容についてなど、より詳しい情報も記述している。

利用者に提供されているのがどのタイプのガイダンスであろうと、これらの取り組みには共通の目的がある。つまり、すべてインターネット利用を図書館利用者にとってできる限り価値あるものにするためのものだということである。これらのサービスは、利用者が自分の必要な情報をインターネット上でより速く特定できるようにするための、図書館による付加価値サービスなのである。

7-1　　　　　　　　　親に対する安全ガイドの例

インターネットのための安全ガイド

親のためのガイド

〈概要〉
- インターネットは恐ろしいものではない…親が知っておくべきこと
- リスクを最小にするには
- 親に対するガイドライン
- さらなる情報と推薦サイト

インターネットは恐ろしいものではない

親が知っておくべきこと
　「サーフィン」、「ネット」、「ゴーファー」、「ウェブ」という言葉は水や小動物、蜘蛛とは何も関係がありません。これらはサイバースペースの新しい言葉です。皆さんは、テレビで情報ハイウェイやインターネットに言及されたとき、ちょっととま

第7章　ガイド付き利用と図書館の運用方針

どったりするかもしれません。しかし、皆さんの子どもたちは今、学校であるいは友達から、それらを学んでいるのです。
　ちょっとした情報が皆さんを安心させ、かつ皆さんと皆さんの子どもがこの新しい技術を利用できるようにすることでしょう。

　インターネットとは、コンピュータを使って利用する、たくさんの情報ネットワークが結びあった地球規模のネットワークです。娯楽、教育そして情報が、まさに皆さんの指先一つで利用できます。世界の大図書館を利用したり、大学の講座を受講したり、あるいはゲームで遊んだり、天気予報やスポーツの結果を観ることもできます。皆さんが知りたいことのほとんどは、インターネット上のどこかで見つけることができるのです。

　この熱狂的にすばらしいものは、世界規模のものであり、誰も統制しておらず、したがって危険性も伴っています。そこにある情報は、すべてが正しいとはいえません。また、無作法で不快で利己的な人が存在する以上、コンピュータの匿名性は、そうしようと思えば一層ひどいことを可能にします。
　では子どもたちにインターネットを使わせない方がよいでしょうか。もちろんそうではありません。必要なのは子どもたちに警告を発し危険性に気づかせることなのです。

リスクを最小にするには
　子どもたちが快適なオンライン経験をするために最もよい方法は、彼らがしていることを見守ることです。
・ まずあなたがどのようにインターネットにアクセスするかを子どもに見せましょう。
・ 子どもたちがインターネットを利用しているとき、一緒にいましょう。
・ 利用可能な幅広い情報を探索し、立ち入って欲しくないテーマについて子どもたちと話し合いましょう。
・ 子どもたちと様々なことを話せるようコミュニケーションを継続させましょう。そうすれば子どもたちは、彼らがやっていることに対するあなたの関心が誠心誠意からのものであるとわかるでしょう。
・ 子どもが、どれくらいコンピュータに時間を費しているか気をつけましょう。長すぎるインターネット利用、特に夜遅い時間帯のものは潜在的な問題のシグナルかもしれません。現実世界で親としてやってきたことをオンラインにも適

145

用しましょう。
- インターネット利用の家族のルールを作りましょう。

親に対するガイドライン

　子どもたちの電子的情報源の利用に関心をもつならば、自分の子どものためのガイドラインを作り子どもに与えるべきでしょう。子どもの家庭や学校でのあるいは図書館でのコンピュータ利用に対し親として責任をもつことは、非常に大事なことです。それぞれの家族のルールは次の内容を含みます。
- 住所、学校名、電話番号などの個人情報は決して明らかにしてはいけません。
- 年齢、結婚しているかどうか、収入など個人的な情報を明らかにするかは、よく考えて自分で決めること。
- 親の許可なしにコンピュータを通じて知り合った相手と直接会ってはいけません。
- 思わせぶりだったり、わいせつ、脅迫的で不快なものを含むメッセージには、決して返事を出してはいけません。
- チャイルドポルノの存在に気がついたら、遺棄または搾取された児童のための全国センター（電話 1-800-843-5678）に通報すること。
- オンライン上では、実は、本人がそうだといっている人ではないかもしれないということを意識しておくこと。
- そこに書いてあることは真実ではないかもしれないということを意識しておくこと。
- PCやオンラインサービスを電子的ベビーシッターとして使うべきではないということを憶えておくこと。

　コンピュータの利用を家族全体の活動にしましょう。子どもの友達と同じように、オンライン上の友達も知っておきましょう。

推薦サイト

ニューヨーク公共図書館ホームページ：http://www.nypl.org

子どもと十代の青少年のための、二つの特別なWebサイト
・ティーンリンク
　　http://nypl.org/branch/teen/teenlink.html
　ティーン向けホームページ上の電話相談や推薦図書、大学や財政援助情報へのリンク、スポーツ、宿題ヘルプなど

・子どもたちのためのオンーライオン
　　http://www.nypl.org/branch/kids/onlion.html
　宿題、祝日、歴史、人物、場所などについての質問に対する回答、およびすべての年齢層の子どもが読んで楽しめる本の紹介

さらなる情報
・インターネット利用についてのニューヨーク公共図書館の運用方針
　　http://www.nypl.org/admin/pro/pubuse.html

　子どもと話し合い、共にルールを作り、提供されるコンピュータサービスに気をつければ、インターネット利用は皆さんと皆さんの子どもにとって素晴らしいものになります。視野を広げる機会というものは素晴らしいことです。我々が生きているのは挑戦の時代です。子どもとオンラインの経験を分かち合うことにより、この時代とうまくつきあっていきましょう。
　ニューヨーク公共図書館の分館は、すべての年齢層に対し、印刷されたものであれ電子媒体であれ様々な資料を提供しています。親としてのスキルや家族での取り組み、インターネットについてのさらなる情報が必要な場合は、いつでも図書館員に質問して下さい。

出典：ニューヨーク公共図書館（http://www.nypl.org/branch/safety.html）

7-2　Webページへのリンクの事例

サンディエゴ公共図書館（San Diego Public Library）のインターネット検索

主題ごとの情報源

　ここに示したインターネットサイトは、サンディエゴ公共図書館の中央図書館職員が、地域図書館から受けた典型的な質問に回答する際、役に立ったサイトを選んだものである。新しい情報源が利用可能になったら、その都度リストは変更される。選択の基準は、情報の量と質、使いやすさ、アクセスの容易さ、そして安全性

である。これはあらゆる主題についてのインターネットサイトに関する包括的ディレクトリを目指したものではない。他機関が作成したより詳しい主題のリストを見たい場合は、「インターネット探索」メニューをクリックのこと。

- 芸術、音楽、レクリエーション部門（娯楽およびスポーツを含む）
- 子どもの部屋（K-12[*]の子どもと十代向けのサイトを含む）
- 歴史部門（国旗、地理、地図、地図帳、旅行を含む）
- 文学、語学部門（図書および図書館学と宗教を含む）
- 事典類（全主題にかかわる参照サイト（sites for quick referral）を含む）
- 自然科学部門（コンピュータ・サイエンス、特許情報、健康とテクノロジーを含む）
- 社会科学部門（ビジネスと株、雇用、政府と法律、チャリティ、不動産、奨学金、統計を含む）
- 特別コレクション（サンディエゴおよびカリフォルニアに関する情報源および一般的なニュース情報源を含む）

1998年6月15日現在

出典：サンディエゴ公共図書館
　　　（http://www.sannet.gov/public-library/searching-the-net/subject.html）

---

[*] 幼稚園から12学年（高校3年）まで。

第8章 ホームページ作成に関する運用方針

　本書でここまで検討してきた運用方針は、ほとんどが次のような前提の上に成り立っている。すなわち、図書館利用者によるインターネット利用は、一方通行のものであり、インターネットのコンテンツを見るだけだということである。しかし、これは常に正しいわけではない。最近、個人やグループにホームページを作成し図書館のサーバに搭載することを認め、そのことにより利用者に情報の消費者であると同時に発信者となることを認める図書館が増えてきている。また、大学図書館や学校図書館では日常的にこのサービスを学生に提供している。それによりコンピュータリテラシーの技術を教えることができるからである。公共図書館でもこのサービスを提供し始めるようになった。例えば、サン・アントニオ公共図書館（San Antonio Public Library）は"Youth Wired"という名称のダイナミックなプログラムを提供している。これはティーンエイジャーに自分のWebページを作成するよう勧めるものである。

　しかし、この種の使い方は、図書館に二重の責任を課すことになる。第一に、これは図書館のサーバ上のファイルに利用者が直接アクセスすることを認める。第4章で述べたように、利用者のサーバへのアクセス許可にはリスクがある――例えば、学生がシステムの他のファイルを壊すかもしれない。しかしながら、自分が作ったファイルにしかアクセスを許さないなどの十分な安全策を採ることによって、このリスクは大幅に軽減できるだろう。

第二は、さらに深刻な問題であるが、Webページの内容という問題である。図書館のサーバにWebページを開設している学生が、著作権のある資料を無許諾でダウンロードしオンラインで公開したらどうなるだろうか？　図書館は著作権を侵害した責任を負えるだろうか？　性的に露出度の高い資料をWebページで公開したり、憲法上で保護はされるが不快で論争を招いたりするような表現を発信し、それに対する批判が巻き起こったらどうするか？

　図書館のサーバに学生や利用者のWebページを開設することを認め、また勧めるならば、あらゆる可能性を検討し、ガイドラインを提示することは必要不可欠である。多くの大学では、これは「情報資源課」や「コンピュータサービス課」のような名称の他の部署が行うことであろう。学校図書館の場合も、学区の他部署が作成したWebページ発信に関する基準があるかもしれない。既に基準が存在している場合は、その基準を学生に知らせ、図書館が行うプロジェクトがその基準に合うようにするのが、図書館の責任となる。基準がない場合は、図書館が先頭に立って運用方針を策定しなければならない。利用者にWebページを作成させるというアイディアが図書館から出たものならば、特にそうである。

　この章では、Web運用方針で扱われるであろう様々な要素について検討し、かつWeb運用方針の例を提示する（付録も参照）。EDUCAUSE[*]によってまとめられた学術機関のWeb運用方針のすぐれたアーカイブも存在する（http://www.cause.org/information-resources/ir-library/subjects/policies-www.htmlで見ることができる[**]）。

Web発信に関する運用方針に盛り込むべき内容

　管理者や委員会、その他のWeb運用方針策定を担当する人々を待ち受けるジレンマがある。それは、組織の規範と個人の表現のバランスをいかにとるかということである。このジレンマは、しばしば矛盾する組織としての2つの価値観に由来している。組織が学生や職員にWebページを作成させているのは、コンピュータリテラシーの新しい技術を身につけ、この新しいメディアを使って個人や

部門の性格、目標、関心を表現して欲しいと望むからである。しかし同時に、組織としてのイメージや法的責任も考えなくてはならない。そのため、自らのWebページの中で、組織の基準に合わないページが置かれていたり、それへリンクを張ったり、支持しているかのように見えることは望まない。この矛盾から、運用方針の必要が生じるのである。マイケル・ストーナー（Michael Stoner）は、必読文献である「Web運用方針、その働き」（Web Policies That Work）の中で簡潔にこのことをまとめている（http://www.rutledge.com/stoner/polhome.html）。

> 誰でも、自分の組織の公的なWebページは、デザインの優れた、正確で、州法や連邦法にかなったものであって欲しいと思うだろう。しかしまた、このエキサイティングなメディアを使って実験したいと思っている人の創造性を束縛することは避けたい。両方の目標を達成するために、……多くのキャンパスでWebサーバに誰が掲載してよいのか、何を掲載してよいのかに関する運用方針を策定している。協力と常識のコンビネーションがあれば、Webはそれほど無軌道なものにならない。

Webページを作成できる人を決める

最初で最も基本的な問題は、「誰が図書館のサーバにWebページを作成したり修正したりできるのか？」という問題である。関連する2つめの問題は「Webページ運用方針の条項は、グループによって適用が変わるのか、それとも同じように適用されるのか？」である。Webページを作成し図書館のサーバに搭載する権利は、組織に属する学生、教員、職員、利用者などのグループのうちいくつかにあるいはすべてに与えることができる。これらのグループの中で、学校、大学、図書館の業務用のページ——部門別または大学内の学部・学科別ページ——と、個人のための純粋に個人的なページを区別してもよい。多くの組織では、すべて

---

* 第1章、p.19 参照。
** 次のURLに変更されたと思われる。http://www.educause.edu/ir/ir-library.html（last access 2003/03/29）

のグループにWebページをサーバに搭載することは認めるが、その条件はグループによって異なるものとしている。例えば、学生や教授や職員の個人的あるいは私的なページは、部門のページほどデザインや内容の統一性の基準を満たさなくてもよい。また、例えば、すべての部門のページには、ページの先頭近くに大学名とできればマークを表示しなければならない、などである。同じ要求を学生の個人的なページに適用するのはばかげている。しかし教員および職員と学生の間で、自分のページにリンクしてよい情報の種類、ページのサイズや複雑さ、ページに必要なシステムリソースなどの点で差をつけることはよく行われている。

必須事項と推奨事項

　運用方針を作成する際、具体的な個々の項目が「必須」なのか「推奨」なのかよく考えなければならない。法に触れることをしてはならないといった非常に重要な基準は、必須事項でなければならない。使用するHTMLのレベルや、各ページに連絡先を表示しなければならないといった例外を許さない設計要素もある。しかし、他の基準、特に美的またはデザイン的原則に関するものは、運用方針の中で推奨されるだけにしてもよいだろう。ところで、ある基準について運用方針を作成する側で意見が一致しない場合は、その基準を推奨事項とするのがよい解決方法である。運用方針のある項目を必須事項にした場合は、それを守らなかったときのペナルティを決めなければならない。これについては、この章で後ほど検討する。

技術的および質的基準

　運用方針策定過程における、次の、そしておそらくは最も複雑な検討項目は、図書館や組織のサーバに搭載するWebページの質的基準の問題であろう。この章で後述する法的な問題に関する明確な基準と違って、質的基準は組織によって異なり、学校、大学、図書館の組織としての価値観を伝えるものである。したがって、こここそが組織の礼儀作法や品行に対する基準が個人の表現と衝突しやすい場所である。

この問題を若干でも扱いやすくするために、運用方針作成者は技術的基準から先に述べ始め、美的基準は後に回した方がよい。技術的基準には、ホームページの設計者にガイドラインを提供すると同時に利用者にはアクセスを保障するという二重の働きがある。技術的な仕様としては、次のような要素が一般的である。

- <u>HTML（Hypertext mark-up language）基準</u>。設計者がページを作成するとき使わなければならないHTMLのバージョンを特定する。
- <u>ハンディキャップのある人に対する考慮基準</u>。目が不自由な人のニーズを考慮に入れることを設計者に要求するものである。（この問題に関してのさらに踏み込んだ検討および特定のページが視覚障害者に利用可能であるかテストするためには、http://www.cast.org/bobby/ の「Bobby」のサイトを見よ。）
- <u>テキスト、画像、フォーム基準</u>。デザインの要素に関して何を許可するかを決める。表示開始時から画像に加えて音声や動画などを使用することが一般化しつつある。最近よく使われているもう一つの要素はフレームである。これは、スクリーンをいくつかのパネルに分け、それぞれが独立してページを展開していけるようにするものである。これらはすべて楽しいものでありページの価値や興味を高めるが、すべての利用者がこれらを見ることができるというわけではない。ブラウザソフトだけではなく、ある特定ソフトの特定バージョンを持っていなければ見ることができない場合もしばしばある。運用方針では、ページのほとんどをテキストとし画像は最小限としたり、あるいはシングルフレームと複数フレームのどちらを表示するかを利用者が選択できるようにしたりして、ページを「最も低いバージョン」に合わせることを要求したり推奨したりすることができる。
- <u>画像サイズ基準</u>。これは、ページを表示するスピードに影響する。動画や音声を含んだ大規模な画像ファイルはページ表示に時間がかかる原因となるため、ガイドラインによっては、画像ファイルがあるサイズの大きさを超えないことを要求または推奨している。画像サイズは、通常、保存スペースのキ

ロバイト数によって表示される。

- <u>連絡担当者</u>。これは、誰がページの運営に責任をもっているのか、およびどうやったらその人に連絡がとれるのかを明らかにするものである。"mailto"機能をHTML中に用いて、簡単に利用者が連絡担当者に直接メールを送れるようにできる。連絡担当者の実名の代わりに"Webmaster"や"Webwizard"のような名称を用いるよう指示または要求している運用方針もある。

- <u>免責宣言条項</u>。組織によっては、サーバ上のすべてのページにこの表示を要求することがある。これらの多くは、そのページを組織から切り離し──それはその組織の価値を守るためであるが──、組織に対する告発や訴訟が起こることを防ごうとするものである。「このページに示された意見は書き手の意見に過ぎず、ビッグ・ステート大学の意見を反映したものではありません」とか「このページはXというグループがデザインし運営しており、公共図書館はこのページの内容には責任をもちません。このページに対するご意見ご提案は、直接次の人にお寄せください」のようなことを記述させるものである。このような宣言が何らかの法的保護になるか議論が分かれるところであり、詳細な検討については弁護士と相談すべきであろう。

- <u>タイトル情報基準</u>。タイトル情報とはWorld Wide Webのすべてのページがブラウザウィンドウのトップに表示するものである。組織のサーバに搭載されるページには、ここに統一性のある表示をして欲しいと望むかもしれない。そしておそらく、組織名にも言及して欲しい──あるいはそうしない方を望むかもしれない。インターネットのサーチエンジンの中には、特定の主題やキーワードを検索する際にHTMLコードのこの行を検索するものがあるということを銘記しておくべきである。

- <u>著作権に関する宣言</u>。各ページに対し、必須としない場合でも推奨はしたい条項である。これは、そのページが学校、図書館の名前で、あるいはそれを作成した個人やグループにより著作権保護されていることを宣言するものである。さらに、ページを引用したりリンクを張ったりする場合は許可が必要であると述べることもできる。

- <u>ページの長さや複雑さに関する基準</u>。ページのサイズについての制限である。サーバの限界により物理的に制約されることもあるが、通常は保存スペースにおけるキロバイト数という点で、ある制限を設けることができる。ページ数よりもサイズを制限する方が一般的である。しかし、例えば4階層を超えてはいけない、などのようにページの複雑さに制限を加えることもできる。
- <u>利用者を誘導するリンクに関する基準</u>。通常はページの最下部に置かれているものである。多くの学校や大学では、すべての個人ページに学校や大学のホームページに戻るためのリンクを設定することを要求している。そのようなリンクは、特に部門のページで重要である。ページ構成上の前のページに戻るリンクをも求める場合もある。それは、ほとんどのブラウザが備える「戻る」「次へ」機能では、前に表示したページには戻れるが、他のページのリンクからやサーチエンジンからあるページに飛んできた利用者には、自分はどこのページに来たのかわからない場合があるからである。
- <u>標準雛型条項</u>。これは、Webページ作成者が自動的に技術的基準に適合したページを作成できるよう、その手助けをするものである。これらの標準雛型は、図書館、学校、大学が必須とするあるいは推奨する核心的要素を用いてフォーマットが作られている。ホームページの標準雛型の例としては、フロリダ・アトランティック大学のサイトがある（http://www.fau.edu/wise/publish.html）。

美的基準

　技術的基準ができあがったら、次は美的基準という厄介な領域に歩を進めることになる。いくらも進まないうちに、好みは千差万別で何を含めるかを運用方針立案者の間で合意することさえできないと気づくことだろう。また、基準を作成したとしても、Webページ作成者の中には、基準を逸脱したいと考える人もいる。しかし、ともかく出発点として、Web運用方針に見られる美的基準の要素を以下に示す。

- 背景、色、ヘッダーなどに関する基準。すべてのページ、特に部門のページは似たような「外見」をしていて欲しいと考える場合もあるだろう。これは、通常、各ページが同じ素材を使わなければならないということを意味する。大学は、しばしばすべてのページに、大学の名前かマークあるいはその両方を含んだバナーを使うことを必須としている。特定模様の背景、色の枠組（ハイパーリンク項目に特別な色を使うことも含む）、フッターなど、共通素材を各ページが使用することを望むこともできる。別のアプローチもある。それはそのような素材を使うことを要求はしないが、もし使うなら決まったものを使うというものである。すなわち大学のマークを使わないことを選んでもよいが、使うのであれば特定のバージョンを特定の大きさで使わなくてはならない。

- ページの要素の配置基準。ページ要素が特定の方法で配置されることを要求または推奨することもできる。例えば、フレームの使用を認めるが、ページの各要素は常に左余白部分に置かなければならないとか、他のページでフッターに共通に用いられる画像を常にフッターに用いなければならない、などである。標準では、画像は必ずテキストの左に、あるいはその画像に添付されるテキストの上部に表示されるようになっている。しかし、画像があるとテキストのみの表示の場合にきれいに表示されない。したがってこれは、純粋に美的な問題というより技術的な問題かもしれない。

- 上品さや適切さに関する基準。これはもちろん、誰もが求めることである。が、運用方針策定委員会で何が上品で適切かについて合意を得ることができたら幸運というものである。しかし、どうしてもコンセンサスに達しなければならないならば、不適切と思われる情報について記述する文章を作った方がよいかもしれない。最も懸念されるのは性的な情報であろう。しかし、性とは無関係であっても多くの人にとって不快なものがある。例えば、下品なジョーク、人種差別的表現、尾籠な表現、暴力、オカルトなどである。この章の次項では、Webページの内容を規制する試みを扱っているので参考としてほしい。くれぐれも憲法修正第1条の問題に関しては慎重に対処すべきで

ある。各ページを点検して回り、適切さという点で規制するつもりならば、図書館、学校、大学のサーバに搭載するWebページに許容できないものは何かについて慎重に記述した基準を整備しておかなければならない。

内容

Web運用方針に関して最も重要な検討事項は、おそらく、内容に関して何を許可するかという問題だろう。くり返しになるが、これは危険な領域であり、各組織は運用方針が憲法修正第1条の権利を侵害しないように絶えず注意しなければならない。しかし、内容に関して盛り込むことができる事項、また盛り込まなければならない事項もある。

- <u>スペリング、文法、用法に関する基準</u>。これに基づかなかったからといってペナルティを課すのは疑問だが、Webページがスペルや文法を含め適正な言語使用基準を満たしていることを期待している旨を述べておく方が賢明である。状況によっては、一歩進んで、長めの文章や他の文章の引用は、一般的な文章マニュアル、例えば『シカゴ大学スタイル・マニュアル[*]』や『MLA (Modern Language Association) ハンドブック[**]』(現代言語協会)に則っていることを要求してもよい。ついでながら、オンライン情報資源を引用するための標準的な手順を読者に教える印刷媒体が増えつつある。例えば、キア・リー (Xia Li) とナンシー・B・クレーン (Nancy B. Crane) の共著による『電子的スタイル：電子情報引用ハンドブック[***]』などがある。
- <u>事実情報基準</u>。Webページに情報を載せようとする人は、そこで公開される情報が正確であることを確かめるためにあらゆる合理的な努力をしなければ

---

[*] The Chicago manual of style / University of Chicago Press. — 14th ed. — Chicago, IL : University of Chicago Press, 1933.

[**] MLA handbook. — New York : Modern Language Association, 1995.

[***] Electronic styles : a handbook for citing electronic information / Xia Li and Nancy B. Crane. — 2nd ed. — Medford, N.J. : Information Today, 1996.

157

ならない、と運用方針で明確に述べることができる。そうする最も強い動機は、大学、学校および図書館のWebページを通じて入手した情報によって、個人に何らかの危害ないしは損害が生じた場合、組織に責任があると見なされるかもしれないということである。しかし、そういったトラブルの可能性はともかくとして、搭載されるページに正確な情報を載せるよう指示するべきであり、それは個人のページと同様、部門のページにも特に重要なポイントである。

- <u>政治的発言に関する基準（免責事項）</u>。提供するWebページに政治的発言が含まれている場合について対処すべきである。オンライン上で政治的発言を一切禁止すると運用方針に書くのは、問題があり賢明ではない。しかし、個人や部門のWebページに、そのページで表明されている意見に関する免責条項を掲載するよう要求することはできる。例えば、ブラウン大学の学生ハンドブックには次のように書かれている。「ブラウン大学の管理職員、教員、学生および職員は、キャンパスの内外を問わず、個人および集団の政治的見解を表明する自由がある。ただし、それがブラウン大学を代表して、またはその名において語られているのではないことを明らかにすることが条件である」（http://www.brown.edu/webmaster/TM009.html）。重要なことは、この基準が、オンライン上の言論に特別に適用されるものではないということである。多くの大学は、Web運用方針以前に、大学内外で行われる大学によって場を提供されたり支援されたりする言論に関する、この種の方針をもっているものである。したがって、運用方針を策定する前に、既に存在する方針をチェックする必要があるだろう。

人は、時としてインターネット上に論争を起こすような意見を持ち込むものである。ひとたび、学生、教員、図書館利用者にオンライン上に意見を表明できる機会を提供すると、遅かれ早かれ、誰かが攻撃してくるものだ。他の媒体と同じように、ある種の言論を制限することは、憲法修正第1条の権利侵害で訴訟を起こされかねない結果となる。組織のサーバに利用者のWebページを掲載するサービスの導入を考えているならば、この問題につ

いて関係の委員会その他に十分説明し納得してもらっておいた方がよい。彼らが、Webのガイドラインの理解および採択と同時に、Webページの審査と承認に関する手続きについても理解し採択してくれるよう気をつけなければならない。問題が指摘された資料をホームページに載せるかどうかを検討する手順も整備する必要がある。また、委員会がそれらについて理解し同意していることを確認すべきである。他の論争になりやすい資料と同様、問題が起きる前にはっきり説明した運用方針とマニュアルを作ることができれば、問題が起きたとき、より容易に対処できるようになる。

・秘密に関する基準。当然のことながら、学生たちや教授のメンバーの秘密を守ることは、管理者の義務である。この理由から、運用方針で個人のフルネーム、電話番号、住所、その他個人にたどり着ける情報のWebページへの掲載を禁止することを考慮する必要がある。しかし自分のフルネームを使いたい人がいれば、この情報を公開することについて組織の責任を問わない旨を書面で提出させるべきである。

・知的所有権尊重に関する条項。著作権のある情報を保護する条項は、Web運用方針に盛り込まれなければならない。すべてのWebページ作成者は、書面による許諾を得て、オンライン上でその手続きは済んでいると示すことなしに、著作権のある情報を自分のページに掲載することはできないと知っておかねばならない。著作権のある情報には、テキストによるものだけでなく、当然、画像やソフトウェアも含まれる。

・違法な行為に関する条項。著作権侵害はWebページにおいて起こりやすい違法行為の一つであるが、それ以外に、州または連邦の法令で禁じられたわいせつな資料——児童ポルノを含む——の表示、取扱いが規制されている物質を販売したり、中傷または名誉毀損の言辞を配信したり、個人に対する脅迫をWebページで伝達することなどがある。違法な行為のために情報資源を使用することは、図書館、学校または大学の責任を生じせしめるため、多くのWeb運用方針では、このような違法行為については明確に述べている。通常、このような行為をした場合は、ネットワーク使用権限の喪失に加

え、刑事訴追、また民事訴訟の可能性がある。

審査手続き

　Web運用方針の中に、Webページを審査し、承認し、ガイドラインを実効化させるための条項を設定すべきである。ほとんどすべてのWebページは、それがサーバに搭載されたり実行されたりする前に、基準から逸脱していないかどうか確認する委員会による審査を受け、基準からの逸脱があればページが公開される前に訂正を求められるようにするのである。ホームページが立ち上がった後も、引き続き運用方針で定めたWWW作成基準に沿っていることを確認するために定期的に審査するのもよい考えかもしれない。

運用方針の例

　8–1、8–2の運用方針は、推奨に関する方針と必須事項に関する方針との間に引かれる区分をよく説明している。必須事項の要素（基準）は非常に簡潔で、大学が全ページへの掲載を必須とする中心要素からなっている。実際のページの一部分となるHTMLコードが含まれており、作成者はオンライン上の運用方針からそのコードを切り貼りして自分が作っているページのコードとすることができる。

8-1　　　　　学校におけるWeb運用方針の例

ウィノナ（Winona）第861学区
ミネソタ州ウィノナ
Webページ作成とサーバへの搭載
委員会採択運用方針：1996年4月22日
学区内規832.5

　第861学区の学校においてインターネットが利用できるようになったことに伴い、生徒や職員がWorld Wide Web上での当学区の情報提供にも貢献できるようになった。学区のWebサイトは、学校カリキュラム、教育、学校公認活動、学校や学区の使命に関連する様々な情報を世界中に提供することができる。Webページを作成するためのインターネット利用体制は、学区のメディアスペシャリストおよび学区のネットワークスペシャリストによって提供される。Webページ作成者は、以下の運用方針および責任を熟知しこれに忠実に従わなければならない。これらの運用方針に従わないかあるいは責任をもたない場合、認められた権限を失い、さらに厳重な懲戒処分を受ける可能性がある。

内容に関する基準

　校長および学区管理者が、メディアスペシャリストおよびネットワークスペシャリストの助言を受けて、Webページの承認に責任をもつ。

主題

　Webページの主題は、カリキュラム、教育、学校公認活動、適切でかつ他から関心をもたれる情報に関するものでなければならない。あるいは、学区や学区内の各学校に関連するものでなければならない。したがって、職員および生徒は、個人のホームページを学区Webサイトの一部として公開してはならないし、また、学区にかかわりのない他の個人や組織のためにホームページを公開してはならない。クラスのプロジェクト、課程、その他学校に関する活動との関連でのみ、職員または生徒はホームページを公開することができる。

質

　すべてのWebページには、スペリングや文法上の間違いがあってはならない。ドキュメントには、不快な情報を含めたり、そのような情報にリンクしたりしてはな

らない。不快な情報とは、学区の運用方針で定めた教育的資料の基準に合わない情報のことである。Webページ上の情報の質あるいは適切さ、外観や内容については、メディアスペシャリスト、ネットワークスペシャリスト、施設および学区管理者の判断が優先される。

所有権および維持

　学区サーバ上のすべてのWebページは、学区の所有に属する。生徒が卒業または転校した場合、それに先だってメディアスペシャリストまたはネットワークスペシャリストとの取り決めが行われていない限り、Webページは削除される。

生徒のための安全策

- Webページのドキュメントには、生徒のファーストネーム全体およびラストネームのイニシャルだけを載せることができる。
- ドキュメントには、生徒の電話番号、住所、家族の名前、友人の名前を載せてはならない。
- 公開する電子メールアドレスは、職員のものか、あるいは、職員に転送される一般的グループ電子メールアドレスに限定する。
- 生徒の写真（動画にせよ静止画像にせよ）やオーディオクリップを公開するかどうかは、監督の教師の判断による。教師は、通常のデータプライバシーに関する公開制限手続きに基づき、まず生徒の親あるいは保護者が公開に反対でないかを確認するため学校の事務局または学区の事務局に問い合わせなければならない。
- Webページには、特定の学校に通学していること、または特定の活動に参加していることを除いて、特定の生徒が特定の時間にどこにいるかを示す情報を載せてはならない。

学校委員会運用方針

　第861学区サーバ上のすべてのドキュメントは、定められた各学校のガイドラインに加え、学校委員会の運用方針および規則に従わなければならない。委員会の運用方針は、各学校事務局で入手できる。Webドキュメントを作成あるいは維持する者は、これらの運用方針およびその他の運用方針に従う責任がある。その主要な項目および関連の委員会運用方針には次のようなものがある。

- 情報の電子的送信は、コピーの一形態である。学区の運用方針で定めたとおり、著作権のある情報の違法なコピーを知っていながら学区の装置を用いて作成し

たり送信したりしてはならない。学区の装置には、Webサーバも含まれる。
- Web用に作成され学区のWebページにリンクされたドキュメントは、教育用情報源としての使用基準を満たしていなければならない。
- 学区のWebページへのリンクは、明確にカリキュラムに関連しない場合は学区のインターネット利用方針（AUP）に定めた基準を満たしていなければならない。カリキュラムに関連しない情報は、無党派で専らコミュニティの問題や児童福祉に携わっていることで知られている、非営利で非差別的な青少年活動、機関、組織に関する情報に限られる。主たる目的が営利または政治的宣伝であるものに対するリンクを張ってはならない。
- 学区のホームページを介したコミュニケーションは、学区のAUPおよび品位に関する規程に従わなければならない。宗教的、人種的、性的いやがらせおよび暴力などの不快な振る舞いは、この規程によって明確に禁止される。
- 学区のホームページを介して通信される生徒の情報は、「データプライバシーおよび学校記録の公的使用に関する第861学区の運用方針」に基づかなければならない。
- 学区のネットワークサービスおよび装置を故意に改ざんしたり悪用したりすることは、破壊行為と見なされ、学区のAUP、品位に関する規程その他の関連方針に従って扱われる。

<h3 style="text-align:center">技術的基準ならびに統一性</h3>

学区のWebサイトに追加される各Webページは、学区のWebページ全体に統一性を与えるよう次の要素を盛り込まなければならない。
- Webページの末尾に最後にそのページを更新した日付、ページあるいは更新に責任をもつ者のイニシャルを表示しなければならない。Webページを最新に保つのは、この者の責任である。
- Webページの末尾には、利用者が学区のWebページの適切な箇所に戻れるリンクを置かなければならない。テンプレートはすべての利用者に提供されている。
- これ以外の統一性をとるための基準は、必要に応じ学区により制定される。
- すべてのWebページは、学区のサーバに搭載されるに先立って、事前審査のために学区のメディアスペシャリストまたは学区のネットワークスペシャリストに提出されなければならない。メディアスペシャリストが不在の場合は、校長または指名された人がWebページの審査を行う。
- 特定の施設にWebサーバとして割り当てられたコンピュータ以外のものを

Webあるいはftpサーバに設定してはならない。
- 利用者は、大規模なタイル地背景や大きな画像を使ったホームページを作った場合、注意書きを表示しなければならない。そのようなファイルはダウンロード時間が長くなり、モデムユーザに欲求不満を起こさせる。またファイルサーバの処理速度低下をもたらす。一般的原則として、各ページは14.4Kモデムで接続したときダウンロードに1分以上かからないようにすべきである。画像ファイルは、大きな画像を特に必要とする理由がなければ、60K未満のサイズとすべきである。
- 自分自身や生徒のWebページについて最終的な公開の権限をもつ教師は、リンクの正確さを確認するためにページをテストおよび編集し、また、この運用方針で概説した基準を満たしているかどうか点検しなければならない。
- Webページには、未完成の他のページへのリンクを含んではならない。ページ追加が予定されているが未完成である場合は、いずれそのようなリンクが提供される旨の文章を表示するものとする。しかし、そのページへの実際のリンクは、最終的なページが学区のサーバに置かれるまで設定してはならない。
- すべてのWebページには、それを明確に指し示す名称をつけなければならない。すべてのドキュメントの名称は、最新の学区の命名法および名称構造と一致させるべきである。
- Webページで使われる画像、音声、動画は、学区で現在使われている、あるいは承認されているフォーマットに一致していなければならない。
- Webページには、生徒の電子メールアドレスへのリンク、調査回答リンク、その他の直接回答リンクを載せてはならない。
- 内容または構成上の編集にかかわって、公開されているホームページへのアクセスに関する最終的な判断は、メディアスペシャリストおよびネットワークスペシャリストの助言をもとに、校長が行う。
- すべてのホームページは、最新のロケーションにより他の学区のページにリンクすること。

その他

- ホームページ上の情報は、個人の思想、関心、活動を反映する。しかし、それは、それぞれの学校や第861学区を代表するものでもないし、それぞれの学校あるいは学区によって是認または支持されたものでもない。生徒または職員が作成したページの内容に懸念がある場合、学校の校長またはその学校のメディアスペシャリストに連絡をいただきたい。

- 技術は急激に変化しているため、この運用方針で概説した技術的基準の一部は、年々変更を迫られるかもしれない。そのような変更は、監督者の承認を得て、学区のネットワークスペシャリストが行うものとする。このホームページ運用方針は、原則として毎年更新し、必要があれば、より頻繁に改定する。

出典：ミネソタ州ウィノナ学区（Winona School District）
　　　（http://wms.luminet.net/wmstechnology/861.WebPagesPolicy.html）

8-2　大学のWeb運用方針の例

セネカ大学（Seneca College）Webドキュメント基準

　WebページをセネカWebのトップまたは組織内ページにリンクさせたい場合、次の事項をすべて満たさなければならない。

「セネカ大学」を明確にする
　すべてのWebページは、セネカ大学で作成されたことを明確に示し、セネカホームページへリンクしなければならない。

説明責任
　すべてのWebページは、その内容に責任をもつ人物の名前と電子メールアドレスをページ上に明確に示さなければならない。

セネカ大学の画像
　セネカ大学の画像およびシンボルマークの使用は、セネカ画像ディレクトリに収められた画像に限る。これはセネカWebサーバに搭載されたすべてのドキュメントに適用される。画像は、使いたいものの上でマウスの右ボタンをクリックすると取り出すことができる（Netscapeの場合）。ドキュメントを作成するものは、セネカ大学の画像およびシンボルマークは大学が所有していること、勝手に改変してはならないことを銘記しておくこと。

ヘッダー
　各ページは、以下の形式のヘッダーで始めなければならない。

```
<HTML><HEADER><TITLE>Seneca College: page title</TITLE></HEADER>
<BODY>
```
ページのタイトルは、上のように、Seneca Collegeという語で始めることとする。

フッター
　すべてのページは、少なくとも、責任者の名前と電子メールアドレス、セネカホームページへのリンク、最終更新日付をフッターに掲載しなければならない。それは、次のような形になる。
```
<HR><FONT SIZE=2>Maintained by: <A HREF="MAILTO: author's Email address">author's name</A>, <A HREF="HTTP://WWW.SENECA.ON.CA/">Seneca College</A>, updated: date</BODY></HTML>
```

セネカ大学HTMLガイドライン

　大学のホームページの外観を統一のとれたものとするため、以下のガイドラインに従うことを強く推奨する。

背景
　多くのセネカページは、本ページのように`<body bgcolor="FFFFFF">`のタグを用い、単純な白色の背景になっている。ただし、gifファイルによるタイル模様を使ったものもある。セネカ背景ディレクトリには承認された背景が収められており、それを取り出し使用することができる。セネカ情報の外観の統一性を維持するため、そこに収められた背景を用いることが望ましい。ディレクトリに入れて欲しい他の背景があれば、Webマスタに連絡されたい。

アイコンの画像
　セネカWebページの外観を統一させるため、アイコン画像はセネカアイコン画像ディレクトリから選ぶことを推奨する。

ブリンク[*]
　多くの人々はブリンクタグをうるさいと感じる。使用は慎重にした方がよい。

文法およびスペリング
　すべてのページは適切にスペルチェックを行い、文法的に正しいものにすること。

ドキュメント内見出し

ドキュメント内のすべての見出しは、H2またはH3とする。H1は一般的に大きすぎる。すべてのドキュメントは、H2のタグで括った可視タイトル（<title>タグのような）で始まること。

可視タイトルに画像を使いたい場合は、タイトル内にドキュメントのタイトルを述べたテキストを含ませ、IMAGEのタグ中にALT＝"タイトル"を使用し、テキスト用ブラウザでもタイトルが表示できるようにすること。

「工事中」の表示

内容がなく、ただ「このスペースを見よ」とだけ表示されるページへのリンクは、人をがっかりさせるものである。内容が作られていないページへのリンクは張らない方がよい。小さな「工事中」アイコンも人をがっかりさせる。

HTMLバージョン

今日、提案され通常使われているHTMLには様々な拡張機能が含まれている。今後も状況は大きく変動するものと考えるべきであろう。セネカ大学のWWWドキュメントは、今日通常使われている条件を反映したHTMLを使用し、しかも多人数のクラスが同時にドキュメントの内容を見ることを排除するものであってはならない。現在の時点では、正式リリースされたネットスケープHTML拡張版で記述するというのが賢明な判断だろう。もし、公表されているスタンダード版を超えたHTML拡張版を使用する場合は、そのことを表示しておくのが賢いやり方である。

ファイルの大きさ

画像、音声またはビデオクリップをリンクする場合、ファイルの大きさを示すべきである。ファイルがHTMLドキュメントでないか標準でないビューアを必要とするものであれば、ビューアが入手できる場所に関する情報を掲載するかそこにリンクを張るべきである。

ページの大きさ

ページを表示するのに時間がかかると、がっかりしてしまうものである。14.4Kモデムが一般的に使われていることを念頭に置き、ページは画像も含めて80KB以下に抑えるよう努力すべきである。それより大きいページは分割するか、より小さい画像を使った方がよい。

＊　明滅。

出典：セネカ応用美術技術大学（Seneca College of Applied Arts and Technology）
（http://www.senecac.on.ca/standard/web-sag.htm）

第9章 次のステップ：運用方針を書き終えたあと

　ついに運用方針が書き上がった。さて次は何をすべきだろうか？　方針策定が絶えず進行するプロセスであることを忘れてはならない。これはでき合いの完成品ではない。直ちに運用方針の評価を始めよう。普通の図書館にとって、インターネットは新しいサービスである。したがってその運用方針は、図書館委員会や職員や利用者を、彼らがこれまで足を踏み入れたことのない場所に案内するものとなる。策定した運用方針は、——どんなに慎重に考えられたものであっても、また、どんなに多くの人々と協議のうえ作られたものであっても——それぞれの館に適しているだろうと策定者が推測した最良の考えでしかない。実施してから、たいへんよく機能する部分もあるが、うまくいかない部分があることがわかるだろう。多分、利用申込用紙に署名を求めたのは正しかっただろう。しかし、利用の制限時間は長すぎたかもしれないし短すぎたかもしれない。利用者からフィルタリングに関する運用方針についての苦情が寄せられ、一部のマシンでフィルタソフトを解除する件を図書館委員会に諮ることもありうるだろう。または、多くの利用者が電子メールを送る機能を求め、図書館のブラウザを使った電子メールを禁止したことについて再考を迫るかもしれない。

　このような場合、入手可能な最もよい情報によって決定を下さなければならない。しかし、どのような情報が利用できるだろうか？　また、情報を集めるにはどうすればよいだろうか？　次のようなところから様々な情報が入手できるので

ある。

- 利用者のコメント：貸出カウンターでのやりとり、投書カードを通じて、手紙のやりとりを通じて、館内でふと耳にした声など、すべての機会を捉えて利用者の考えを聞き、それによって運用方針を評価することができる。
- 職員からのフィードバック：職員は運用方針の実施に最も密接にかかわっており、物事がうまくいかないとき、あるいはもっとうまくいく方法があるとき、それを管理者に伝えるだろう。ある運用方針が実施不可能であるとか、職員に過度のストレスを与えるとか、現実的でないとか、職員と利用者の間に不要な軋轢を生じさせるなどのことを伝えてくれそうなのは職員である。
- データ：実データはインターネットに関する運用方針の中で最も把握しにくい要素の一つである。しかし、運用方針を評価する助けになる収集可能な統計もある。日ごと、時間帯ごと、またはPCの場所ごとの利用申込者数などである。このようなデータは、どういう時間帯でも利用申込みをさせる必要があるか、あるいはどこにマシンを配置するのが最も効率的か、などの問題を考えるときに参考となる。ホームページで選択された項目のログを取っておくためのソフトもあるので、あらかじめ図書館が用意したサイトの中でどれが最も有効だったか評価して、ページを改良することもできる。インターネットを通じてレファレンスで代行検索サービスに従事する職員は、質問と回答の記録をとっておけば、利用者がサービスをどのように利用したかを知ることができる。
- 技術の進歩：運用方針は図書館の技術的環境の変化に対応しなければならない。より性能のよいソフトウェア、よりパワフルなマシン、新しいインターネットプロトコルやプラグインソフトは、図書館のインターネットを介したサービスを変化させるだろう。新しいサービスが生まれる度に、新しい運用方針や運用方針の見直しが必要になる。

では、どのように運用方針を改定したらよいか？　市民や教員や利用者による

グループを招集して運用方針に関する最高審議委員会を作ってもよいし、図書館委員会に小委員会を設けてもよいだろう。職員に運用方針の改善点を提案させてもよいし、全職員に機会があったら変更したいと思う運用方針の項目を一つずつ指摘させてもよい。しかし、運用方針のあらゆる修正案は、最終的な審査と採択のために管理当局に提出されなければならないことを憶えておこう。

　最終的には、図書館管理者、職員、委員会が注意を払い融通を利かせることによって、インターネット運用方針は利用者と職員のニーズを調整し、組織の価値を力強く主張し、図書館が無用な責任を負うはめになることを防ぎ、インターネットの有効な利用の枠組みを示す、よく調和のとれたドキュメントとなるだろう。

付録 # インターネット運用方針の例

　以下は、公共図書館、大学図書館、学校図書館におけるインターネット運用方針の事例である。これらを見ると、インターネット運用方針はその長さにおいても詳しさにおいてもかなりの幅があることがわかる。これらの例はすべて、Webで見ることができる。

アイオワ州ダビューク市カーネギー・スタウト公共図書館

　これは、多くの図書館で採用されている利用と免責事項のみを簡潔に述べた典型例である。この運用方針で重要なのは、開かれたアクセスが図書館の方針であると宣言している点、そしてインターネット上には不快感を与えるかもしれない、あるいは不正確な情報を掲載しているかもしれないサイトがあることを、利用者に警告している点である。ここでは、してよいこといけないことや、時間制限、申込み、ガイド付き利用のような手続きに関することは述べられていない。

カーネギー・スタウト公共図書館
(Carnegie-Stout Public Library)

アイオワ州ダビューク市　西11番街360　電話：1-319-589-4225

インターネットに関する免責事項

　インターネットは世界的規模の電子的ネットワークであり、図書館を、蔵書の枠を超えて利用者に情報を提供できるように変えるものである。インターネットには、世界中の有益な思想、情報、意見が含まれている。ただし、インターネットへのアクセスを提供するにあたり、図書館職員は次のようなことを管理できない。

- 情報の正確性、妥当性
- 利用者が使いたいと思うリンクの有効性
  サイトのアドレスが変更されたり、サイトが閉じられたりすることは多いし、サイトによっては関係者や資格のある人に利用を制限していることもある。
- 不快感を与えるかもしれない情報の存在

　多くのサイトに対して、異論がある、下品、あるいは不適切と感じるかもしれないが、どのサイトを利用するかは利用者の責任である。未成年の児童がインターネットを利用する際には、保護者が付き添い監督することが望ましい。

付録　インターネット運用方針の例

ワシントン州スポーケン公共図書館

　これは中程度の長さをもつ公共図書館運用方針の非常によい例であり、アクセス、物理的配置、セキュリティ、適切な利用、ガイド付き利用の問題に言及している。どの問題も詳しく述べられてはいないが、最も重要な問題点が基本的な保護とガイダンスに沿って述べられている。このような運用方針があれば、それに基づいてより詳しい職員マニュアルを作ることができる。

スポーケン公共図書館コンピュータおよびインターネット利用方針

1995年6月20日、図書館委員会で採択

1. インターネット情報資源へのアクセス

　1.1―当館の使命は、本市の市民に民主主義の原理である思想と情報への自由で開かれたアクセスを保障し、その手段を提供することである。当館は知的自由を擁護し、リテラシーを向上させ、生涯学習を奨励し、図書館の資料と情報サービスを提供する。

　1.2―当館は創設以来、印刷物から視聴覚資料まで、多様な形態の情報を提供してきた。そして今日、当館のコンピュータシステムは、世界的規模の情報ネットワークから得られる情報資源を当館の他の情報資源と統合して提供できるようになっている。

　1.3―情報資源としてのインターネットは、自館資料の限界を超えて情報を提供することを可能にした。それは、世界中の思想、情報、意見へのアクセスを可能にする。しかしながらインターネットは、現在は統制のとれていないメディアである。そのため、あらゆる世代の人々を個人的生活の面で、職業の面で、そして文化面で豊かにするような情報の宝庫へのアクセスを提供すると同時に、不快感を与えたり混乱させたりするような、また違法な情報源へのアクセスも可能にしてしまう。

　1.4―情報資源としてのインターネットを導入するにあたり、当館は次のことを目標とする。すなわち、現実の蔵書を規模の面でも深さの面でも拡張するこ

175

と、および、公共施設として、インターネットを使ってみたいすべての市民に、館内でしくは家庭からダイヤルアップ接続サービスを通じて、その機会を提供することである。

1.5—図書館職員は、当館の使命およびサービスの役割に適した図書館のホームページを設け、そこで調査のための具体的なスタート地点を示す。しかし図書館は、インターネット上のアクセス可能な情報を管理したり監視したりすることはできない。他の資料に用いる選書基準を適用することはできない。

1.6—可能であるならば、当館はソフトウェアまたはハードウェアによる管理メカニズムを使用して、当館の使命およびサービスの役割になじまない情報へのアクセスを禁止することになるだろう。しかしこのような制限は、与えられた予算や技術の限界を超えている。当館は、インターネットを通じてコンピュータやネットワークによりアクセス可能な膨大な量の資料を、すべて管理したり監視したりすることはできない。結局のところ、当館はその適切さを判断できず、個々の利用者が内容を判断する責任を負わなくてはならないのである。

2. 館内でのアクセス

2.1—当館は、各利用者が憲法で保護された資料にアクセスする権利を支持し確認する。当館はまた、児童が図書館の資料や情報源を利用する際、保護者が判断し監視する権利と義務も確認する。

2.2—当館は、「ダウンタウンの子どもの部屋」にインターネット用PCを設置し、青少年専用とする。それには、年齢ごとの読書レベルに見合った魅力的な子ども向けページを表示させる。図書館職員は、手助けをしたり適切なサイトを見つけることを手伝ったりする。しかし、インターネット利用に伴う個々の選択や判断に関しては、利用者が決定を下す。

3. 利用に関する条件

3.1—このメディアの利用が「スポーケン公共図書館の使命」から逸脱しないように、下記の規定を適用する。

3.1.2—インターネット用PCは、援助およびセキュリティのため、職員が監視できる場所に配置する。

3.1.3—図書館は、図書館のインターネット端末を利用しようとする利用者に対しオリエンテーションへの参加を要求する権利を有する。オリエンテーションには、ソフトウェアおよびハードウェアを使うためのトレーニングや、図書館の設備を利用する際の注意事項が含まれる。

3.1.4—利用者は「インターネット利用契約書」に署名する。18歳未満の青少年は、インターネット利用に関して保護者または後見人の許可が必要となる。当館はインターネットの利用が当館の使命に沿ったものであるようあらゆる努力をする。一方、保護者にも個人および家族の価値観や規範に沿った資料の選択が行われるよう、児童に付き添うことが奨励される。

3.1.5—インターネット用PCの利用は、先に予約した者が利用優先権をもつ方式とする。

3.1.6—インターネットの利用は、「図書館利用規則」に準じたマナーで行われなければならない。この規則は、既に採択されており、館内に掲示されている。

3.1.7—インターネット用PCを不適切にまたは無責任に扱ったことにより、利用に障害が起きた場合、講習会で示したとおり、また申込書に書かれているとおり、インターネット利用資格を取り消される場合がある。

スポーケン公共図書館の好意により転載

テキサス州ヒューストン公共図書館

　Webに掲載された最初の公共図書館インターネット運用方針の一つであるヒューストンの運用方針は、中程度の長さでうまく書かれている運用方針のもう一つの例である。大人による監督やフィルタリングに関する運用方針、やってよいこと悪いこと、提供するプロトコルについて、多くの情報を提供している。

ヒューストン公共図書館
インターネット利用運用方針およびガイドライン

　この運用方針は、当館のコンピュータまたはネットワークを利用するすべての利用者に適用される。この運用方針またはその意味について疑問がある方は、図書館長に連絡されたい。

目的

　我々の使命を達成するために、当館は広範囲の情報資源へのアクセスを提供する。それには、インターネットによって利用できるものも含まれる。あらゆる年代の様々な背景をもつヒューストン市民に、情報、教育、娯楽、あるいは文化的に豊かになる機会を得る広範なプログラムを提供するという当館の使命の一部として、我々はこのサービスを行う。

　当館は、当館ホームページ上の情報およびそのサーバに搭載されているWebページにのみ責任を負う。当館は、インターネットを通してアクセスする情報を監視することはせず、いかなる管理も行わない。インターネットは、地方の、国の、および国際的な多くの価値ある情報資源を提供する。しかし、インターネット上のすべての情報源が、適正で完全な、また最新の情報を提供しているわけではない。よい情報利用者は、見つけた情報の妥当性を評価しなければならない。児童のインターネット利用を制限することは、保護者または後見人の責任である。図書館には、親に代わって行動する権利もないしその責任もない。児童とインターネットについてのより詳細な情報は、遺棄または搾取された児童のための全国センターとインタラクティブ・サービス協会が作成した「情報ハイウェイにおける子どもの安全」を見よ。

利用者の責任

子どもの利用に対する監督

　保護者または法的後見人が、どの図書館資料が自分の子どもにふさわしいか判断する責任を負うというのが、図書館の方針である。親から見ると自分の子どもには不適切ではないかと思われそうな情報もあるかもしれない。親は、利用して欲しくない資料があるということを、子どもに教えなければならない。親は、子どものインターネット利用を監督しなければならない。図書館内の何台かのコンピュータは、子ども用に設定されている。子ども用のコンピュータは、インターネットへのアクセスにフィルタソフトを用いている。だが、人によって不適切だと考える可能性のある資料すべてをコントロールできるフィルタソフトはない。保護者は、遺棄または搾取された児童のための全国センターが推奨する「オンラインにおける安全に関する規則」にそって、子どもを指導しなければならない。これらの規則は、図書館の子ども用ページを利用する子どもたちには、くり返し表示されている。

情報資源の選択と評価

　インターネットは、非常に多様な利用者と情報内容を抱えた地球規模の存在である。図書館利用者は、自分の責任でインターネットを利用しなければならない。当館は、不快に思われるかもしれない情報資源へのアクセスを検閲することも、それらの情報資源から利用者を守ることもできない。当館のホームページにリンクする情報を選択する際は、我々は一般的に許容された図書館の手順に従う。しかしそれ以外に、インターネットを通して利用できる情報を監視または制限したり、その内容について責任を負ったりすることはしない。当館がリンクした情報資源の内容が変更されても、それには責任を負わないし、さらにその先のリンクでアクセスされる情報資源に我々は責任を負わない。

　印刷された情報も同じだが、インターネット上の情報資源はすべてが適正で完全な、また最新の情報を提供しているわけではない。利用者は印刷刊行物に対して行っているのと同じように、提供される情報の正しさを疑いつつ、インターネット情報資源を評価しなければならない。

利用規則

　他の利用者が待っている場合、コンピュータの利用は20分以内とする。下記のような利用はしてはならない。

1. 図書館のコンピュータを使って、当館のネットワークおよびコンピュータシステム、または他のあらゆるネットワークやコンピュータシステムに、接続しよ

うとすること
2. 理由なく大量のシステムリソースを消費したり、当館のコンピュータシステムを故意に破壊することにより、他の人の作業を妨害すること
3. コンピュータ機器やソフトウェアにダメージを与えようとすること
4. ソフトウェアの設定を変更しようとすること
5. システム性能の低下を引き起こそうと試みること
6. 違法な行為または犯罪目的で当館のコンピュータを利用すること
7. 当館のコンピュータを利用する際に、著作権法またはソフトウェアライセンスを侵害すること
8. 故意にかつ悪意をもった人身攻撃、名誉毀損、中傷などの活動にかかわること
9. いかなるソフトウェアであれ、インストールまたはダウンロードすること

これらを守らない場合、利用をやめさせる場合がある。違法な行為に対しては厳正に、かつ適切に対応する。

サポートするインターネット機能

当館は中央館および地域館において画像ブラウザを提供し、またそれを分館にも拡大しつつある。今のところ分館では、少なくともLynxでWebにアクセスすることはできる。当館は、電子メールアカウント、インターネットチャット、ニュースグループの提供はしない。

プリントアウトおよびダウンロードは、すべてのサイトに関して現在のところ利用できないが、今後利用できるようにする予定である。

著作権

合衆国著作権法（Title 17, U.S. Code）は、「公正な使用」の原則によって認められる場合を除き、著作権のある資料を正当な権限なしに複製または配布をすることを禁止している。利用者は電子資料（電子メール、テキスト、画像、プログラムまたはデータを含む）を著作権者の明白な許可なしに複製または配布をしてはならない。著作権侵害の結果生じるいかなる責任も、利用者に帰すものであり、当館はそのような利用から生じるいかなる責任も明確に否認する。

当館は、電子情報システムへのアクセス、そこから得た情報およびその結果生じたことに対して、いかなる責任も明確に否認するものである。

ZIP　77002　テキサス州ヒューストン

McKinney　500番地
ヒューストン公共図書館
電話：(713) 247-2222
レファレンスサービス　(713) 236-1313

最終修正：1998年3月30日
ヒューストン公共図書館の好意により転載

＊　文字ブラウザ。

ニューヨーク州ローム　ジャービス公共図書館

この興味深い運用方針は主として、利用（特に子どもの利用）の自由に関する問題を扱っているが、その書き方はユニークで示唆に富んでいる。

ニューヨーク州ローム　ジャービス公共図書館
（Jervis Public Library）

インターネット利用運用方針

　インターネットと図書館の使命：インターネットは拡張しつつある世界規模の電子的ネットワークである。当館は、多様なサービスを提供するという使命の一環として、インターネットへのアクセスを提供する。ニューヨーク州中部図書館システム（Mid-York Library System）に属するすべての図書館は、すべての人々のインターネット利用を切望するニューヨーク州教育局および評議会により、「電子的入り口図書館（Electronic Doorway Library）」として資金を与えられた。図書館の権利宣言、読書の自由、未成年者の図書館利用の自由に対する図書館の保障は、電子情報にも適用される。人々のインターネット利用は、画像であれテキストのみであれ、ニューヨーク州中部図書館システムを通じて提供されるのである。ニューヨーク州中部図書館システムおよびジャービス図書館は、現在設定されているハードウェア、ソフトウェアの能力を超える電子メールアカウント、ファイル転送は提供しない。

　インターネット上の情報の性質：インターネットは、何であれ一つの実体によってコントロールされたり制御されたりするものではない。したがって当館では、情報の正確性、適時性、有用性、妥当性、あるいはサイトの利用可能性、さらにはインターネットで探した情報が今でも利用可能であることを保証できない。他の情報源と同様に、利用者は自分自身で情報を評価しなければならない。図書館のコンピュータを通じてネットワーク上の情報を利用できることが、図書館がその情報を保証するということを意味するわけではないのである。利用者が、インターネットを通して入手した情報が不正確であるとか、違法または不快であると思った場合、その情報の制作者やプロバイダに連絡することをお勧めする。

保護者／後見人の責任について：どの図書館資料が自分の未成年の子どもに適切かを決めるのは保護者または法的後見人の責任だという考え方が、ジャービス図書館理事会（Board of Trustee）の運用方針である。他の図書館資料と同様、児童によるインターネットへのアクセスを監督しあるいは制限することは、保護者または後見人の責任に帰する。児童はまた、図書館の資料を適切に利用する責任を負う。児童とインターネットに関するより詳しい情報は、アメリカ図書館協会による「サイバースペースの親と子のための図書館案内」、遺棄または搾取された児童のための全国センターによる「情報ハイウェイにおける子どもの安全」、「未成年者による図書館利用の自由」など、図書館が提供している資料を参照されたい。ジャービス図書館は、http://www.borg.com/~jervis[*] にWebサイトを維持している。これは、多くのインターネットサイトへのリンクを提供する児童向けページも含んでいる。保護者や後見人は、それらのサイトが子どもにとって適切かつ有用と考えるであろう。

　適切な利用と免責：電子的資料を利用するすべての利用者は、図書館の運用方針にそって、また未成年者に関しては児童のための運用方針に沿って、また保護者・法的後見人のガイドにそった責任ある、かつ倫理的な方法で、行動すべきである。連邦法、州法および規則により、利用者は違法なまたは犯罪の目的で端末を使うことを許されていない。これには、性的に露出度の高い資料にアクセスすること、いやがらせやストーカー行為、コンピュータシステムに正当な権限なしにアクセスすること、または他人の業務を妨げる方法でアクセスすること、が含まれる。ただしこれらに限定されるものではない。関連する法は、図書館で参照することができる。当館は、電子的情報システムを通じて得た情報へのアクセスまたはその利用──利用者による、違法と見なされるいかなる活動、そのいかなる結果をも含む──から生じるいかなる責任ももたない。運用方針を侵害する利用者は、図書館の装置を通じてインターネットその他の電子情報にアクセスする権利を失う可能性がある。

　利用とプライバシーの制限：PCの台数は、需要に対して十分でない可能性がある。利用制限は、公平で秩序ある利用に欠かせない。1つのPCを利用できるのは最大2名までである。図書館は、印刷を含むセッションごとに時間制限を課すこと、また印刷に課金することができる。PCの場所と配置のために、利用者のプライバシー

---

* 現在は　http://www.midyork.org/jervis/
（last access 2001/01/22）

は保障できない。

　職員によるインターネット利用支援：図書館員は利用者に、インターネットにどうやってアクセスするかを示し、基本的な操作方法を説明するが、一対一で行う長時間の利用指導は、職員数の制限から不可能である。

　この運用方針は時に応じて、理事会の決議により改定される。

　　　　　理事会により改定、承認。1998年12月2日

ジャービス公共図書館の好意により転載

ペンシルバニア大学（ペンシルバニア州フィラデルフィア）

　この若干長めの大学における運用方針は、非常に詳細なものであり、システム間のネットワーク利用の優先順位、他の情報源とのリンク、許容されるあるいは許容されない利用についての明確な記述など、様々な興味深い特徴をもっている。また、適用される州法および連邦法を含む関連資料も付属している。

ペンシルバニア大学コンピュータ運用方針

　ここに掲げるペンシルバニア大学コンピュータおよびネットワークに関する包括的運用方針は、電子資源の許容される利用についての運用方針である。運用方針の内容は、すべてこれ以降に記述されている。教員、職員、学生はこれをよく読み内容を理解しなければならない。この運用方針に違反した場合、資格停止あるいは除籍を含む厳罰に処せられる場合がある。

電子的資源の利用に関する運用方針

要約
　この運用方針は、有限であるところの大学の電子資源、すなわちコンピュータ、ネットワーク、電子メール、電子情報源などの「許容される利用」の範囲を次に詳しく述べるように定義するものである。ここには特定分野に関する一連の細則の参照も含んでおり、実際に使用する電子的情報環境の変化により変更可能になっている。
　この運用方針は、電子的情報環境の目的は大学の業務および教育、研究、各種サービス上の使命の支援であるという原則に基づいてつくられている。それ以外の利用は、二次的なものに過ぎない。システムの完全性を脅かす行為、システムを通じて利用できる大学外の装置の機能を脅かす行為、あるいは他人のプライバシーや安全性を現実にもしくは認識されうるレベルで脅かす行為、その他違法な利用は行ってはならない。
　大学の電子情報システムを使用することにより、利用者はその適切な使い方に責任をもつことを、またこの運用方針およびその他適応される大学の運用方針、市や州または連邦の法律や規則（詳しくは後で述べる）に同意しているものとみなされ

る。
　この運用方針は、違反行為に対するシステム利用停止から免職あるいは除籍までの罰則を定めている。さらに、利用の内容によっては民事、刑事双方の法的責任を追及される可能性がある。
　電子情報システムを利用するものは、自らの利益のために、この運用方針をよく読み理解することを強く推奨する。

目的
　ペンシルバニア大学は、コンピュータ資源（コンピュータ設備およびサービス、コンピュータ、ネットワーク、電子メール、電子情報およびデータ、映像および音声サービスを含む。ただしこれに限定されるものではない。）を教員、学生、職員、登録済みのゲストおよび大学の教育研究やサービス上の使命を支援する一般市民が使用できるようにする。
　コンピュータ資源への需要が能力を上回った場合は、利用の優先順位を定め強制実施する。ただし、部分的なコンピュータおよびネットワーク資源に限定しては、権限を与えられた教員および職員は優先順位を設定・変更することができる。大学内コンピュータ資源を使用する際の優先順位は、以下の通りである。
　最高：大学の教育・研究・サービスの使命に直接的に資するための使用。
　中位：大学の教育・研究・サービスの使命に間接的に資するための、上記以外の
　　　　使用。妥当な理由がある場合には、制限はあるが個人的なコミュニケーシ
　　　　ョンも含まれる。
　下位：娯楽のための使用。ゲームなど。
　禁止：この運用方針を妨げるすべての活動のうち、「一般基準」を侵害するもの、
　　　　ないし「細則」で禁止されたもの。
　大学は、利用需要および処理能力の限界のため、高位の利用が影響をうけるかあるいはそのおそれがある場合、低位の利用を制限し限定し優先順位を強制することができる。

暗黙の同意
　大学のコンピュータ資源を利用するものは、それらの適切な使用に責任をもたなければならない。また、使用したことにより、適用されるすべての大学、学部あるいは部局の運用方針や規則、市、州、連邦の法律または規則、さらには関連するネットワークやシステムの利用規則に従うことに合意したとみなす（細則の付録を参照）。

電子的情報環境における表現：思想、探求および表現の自由は、「大学における表現に関するガイドライン」に定義されているとおり大学共同体において最高の価値を有する。表現の原則に対する大学の立場は、電子的情報環境にも拡張され、それを含む。それらの権利に対する侵害は、この運用方針にも表現に関するガイドラインにも反する。ガイドラインで述べているとおり、表現に関するガイドラインとこの運用方針あるいは大学が定めた別の運用方針とが競合した場合、ガイドラインの方が優先される。

コンピュータ資源の利用に関する一般基準：次に述べる「コンピュータ資源の利用に関する一般基準」の不履行は、この運用方針に対する侵害となり懲戒の対象となる可能性がある。

「コンピュータ資源の利用に関する一般基準」は、次の事項を利用者に求める。

- 電子的情報環境に関し、常時責任ある行動を取ること
- 大学の使命に即した、大学または大学共同体メンバーの正当な活動に基づいた行動を取ること
- 表現に関する原則を尊重すること
- 法律、規則および大学の運用方針に従うこと
- 自分自身およびコンピュータの認証において正直で率直であること
- 知的所有権など他人の権利や所有物を尊重すること
- プライバシーを守り、またネットワーク・電子的データおよび情報・電子的インフラストラクチャーおよびシステムの完全性を維持する行動を取ること
- 人的資源および電子的資源の価値を尊重し目的に添った利用を行うこと

違反に対しての取締と罰則：この運用方針や方針を解釈した「細則」、関連した大学の方針、適用される市、州、連邦の法律や規則に違反した者は、制裁を受ける可能性があり、それには停学や除籍が含まれる。違反の性質や深刻度によって、学生懲罰規則や、教職員に適用される懲罰手続きにより、懲罰の対象となる。

権限をもつシステム管理者が、問題が当座の解決を見るまでの期間、この運用方針に違反していることを理由として、ある者の大学コンピュータ資源へのアクセスを即座に停止することが必要になる場合もある（例えば、漏洩した可能性のあるアカウントを無効にし、アカウント所有者に対して注意を促すことによって）。顕著かつ継続的な違反の場合は、アクセスの停止は適切な懲罰機関が最終的な解決を下すまで延期される。

システムの所有者や管理者、運営者はこの運用方針の違反を調査し、方針を遵守させることが求められる。

改正
　「コンピュータ資源の利用に関する一般基準」およびこの運用方針の他の部分に対する公式の改正は、大学コミュニケーション委員会の議を経て副学長により、まず大学年報の意見聴取欄に、そして十分な期間を経た後、記録欄に公表される。

運用方針の解釈
　技術的な問題に関しこの運用方針中の一般基準の解釈について疑問が生じる可能性がある。情報システムおよびコンピュータ担当次席副学長は、大学コミュニケーション委員会の議を経て、また前述の手続きを経てこの運用方針の細則を制定することができる。

制限の解除
　この運用方針による利用制限が、大学の研究、教育、サービス上の使命を損なう場合、大学共同体の構成員は、情報システムおよびコンピュータ担当次席副学長（あるいはシステム設計者）に対し、文書による制限解除を求めることができる。

詳細な情報は
　大学のコンピュータに関する規則に関するあるいはペンシルバニア州、連邦のコンピュータに関するより詳細な情報は、大学情報セキュティ管理官へ。電話（215）898-2172、あるいは e-mail security@isc.upenn.edu へ。

電子的資源の利用に関する細則

　次に述べる細則は、大学におけるすべてのコンピュータ資源の利用に適用される。これらの細則は、禁止されるすべての行為を列挙したものではなく、「コンピュータ資源の利用に関する一般基準」、その他の大学の運用方針および適用される法律や規則を説明し、その実行の手段となることを意図したものである。なお、これ以外にも、個々の学部、部局、システム管理者により個別のコンピュータシステムやネットワークの利用についての追加的細則が制定される可能性がある。

コミュニケーションの内容
　・ 市、州、連邦の法律および規則や大学の方針が適用される場合を除き、電子的コミュニケーションの内容はそれ自身懲戒処分の対象とならない。
　・ 暴力による脅迫、わいせつ、児童ポルノ、いやがらせ（法の定義による）など

違法なコミュニケーションは、禁止する。
- 私的ビジネスあるいは商業的活動（その活動が大学の方針により許可あるいは認可されている場合を除く）、大学以外の団体のための資金集めや広告のために大学のコンピュータ資源を使用すること、大学以外の個人や団体へ大学コンピュータ資源をリセールすること、許可を得ずに大学の名前を使用することは禁止する。情報システム担当副学長（あるいは相当職）は、単発的に行われるなら大学の資源を使って私物を交換したり販売したりする行為を認める場合でも、規則を明文化し、フォーラムを限定することがある。

利用者の特定

匿名あるいはハンドルネームによるコミュニケーションは、それが操作ガイダンスや通信に使用する電子的サービスにより特に禁じられていない限り認める。ただし、「自由な表現に関するガイドライン」に対する侵害があったと思われる場合、自由な表現に関する委員会は、大学情報セキュリティ管理官あるいは正当なシステム管理者に対し、匿名あるいはハンドルネームのメッセージ発信者の特定を指示し、適当な懲戒機関に対し同じ情報源からさらなる発信が行われることを防ぐ措置を依頼することができる。

次の活動あるいは行為は禁止される。
- 電子的コミュニケーションの発信元あるいは情報源を不正に表記すること（偽造を含む）
- 他人のパスワードを入手すること、あるいは入手しようと試みること
- 他人のコンピュータアカウントを使用すること、あるいは使用しようと試みること
- 他人あるいは他のコンピュータが発信したメッセージ内容を、人をだます目的で改変すること
- 他人のニュースグループにおける投稿をかってに削除すること

コンピュータ資源の利用

次の活動あるいは行為は禁止される。
- 利用制限された大学のコンピュータ資源あるいは電子的情報システムを利用権限なしに、あるいは正当な利用範囲を超えて利用すること
- 他人に受け取られてもよいことを明示していない当事者どうしのコミュニケーションを傍受すること、あるいは傍受を試みること
- 大学当局の承認なしに、ペンシルバニア大学に無関係な個人に対し大学コンピ

ュータ資源を利用可能にすること
- 所有したり発信したりすることが違法な資料を利用できるようにすること
- 契約しているコンピュータソフトウェアを許可なくコピーしたり使用したりすること
- 正当な権限なく、電子的またはそれ以外の手段で、プライバシーおよび学生、大学運営、人事、文書の秘密に関する大学の方針やその他の記録に関する方針またはデータ取扱者の定義により秘密と定められた電子的情報およびデータを利用、保存、あるいは配布すること
- 意図的に電子的情報のプライバシーやセキュリティ上の疑いを招くような行為をすること
- 意図的に他人のコンピュータ・プログラムや電子的情報における知的所有権を侵害すること（剽窃や無許可使用、複製を含む）

運用上の一体性

次の活動あるいは行為は禁止される。
- 他人のコンピュータおよびネットワークアカウント、サービス、設備に干渉しあるいは破壊すること。コンピュータウィルスの伝播、電子的チェインメールの送付、不適当に多数の個人あるいはコンピュータに一斉送信をすることなどを含む（ただしそれらだけに限定されない）
- 適切な大学の機関が、コンピュータシステムやネットワークの運用やその一体性を脅しこの運用方針を侵害するような行為があり、それをやめるよう求めた時、その求めに応じないこと
- パスワードを公表すること（故意にあるいは怠慢により）、またコンピュータおよびネットワークの自分のアカウントを他人に使用させること
- 許可なしにファイルやシステムを変更すること、あるいは変更を試みること
- 正当な権限なしに、セキュリティの脆弱性を試すためにネットワークを精査すること
- 正当な権限なしにあるいは自分の権限を超えて、大学のコンピュータおよびネットワークの構成を変更すること（ブリッジ、ルータ、ハブを含む。ただしそれらだけに限定されない）
- 正当な権限なく接続（正当でないネットワーク接続を試みることを含む）したり、ネットワークを拡張したり、他のコンピュータやネットワークサービスを再伝送したりすること
- 故意に電子的情報の一体性を損なったり破壊したりすること

- 故意に電子的ネットワークや情報システムを混乱させること
- 故意に人的なあるいは電子的な資源を浪費すること
- 怠慢により大学の電子的情報、コンピュータおよびネットワーク装置や資源を損傷に至らしむること

付　録

関連する大学の運用方針

　この利用に関する運用方針は、以前の「電子的情報環境に関する倫理的行動」についての運用方針を包含しそれに変わるものである。コンピュータ資源の利用にあたっては、次の大学の運用方針にも従わなければならない。
- 「学生の品行基準」
- 「表現に関するガイドライン」

　さらに、コンピュータ資源の利用については、大学の学部、部局、コンピュータシステムあるいはネットワークにおける細則、その他一般的な大学の運用方針および規則が適用される。これらの運用方針には次のようなものが含まれる（ただしこれに限定されるものではない）。
- 特許に関する運用方針
- 著作権に関する運用方針
- コンピュータソフトウェアに関する運用方針
- 大学資源の利用に関する運用方針
- 学生記録および情報の秘密に関する運用方針
- 教員の研究における不適正な行為に関する運用方針
- 電子的情報のプライバシーに関する運用方針
- 大学としての高潔性に関する基準
- 人間を対象にする研究手順：人間を対象にするいかなる研究も、人間を対象とする研究に関する委員会の承認を受けなければならない[*]。学部や部局のコンピュータシステムおよびネットワークの利用に関する運用方針。大学のE－mailシステム運営ガイドライン。

適用される法律

　コンピュータおよびネットワークの利用は、ペンシルバニア州および連邦の法律および規則の対象となる。法律侵犯の疑いがある場合、大学および法執行機関の審

---

[*]　これは遺伝子工学などが想定されている。

査の対象となる。適用される法律は次のようなものである。
- 連邦著作権法：合衆国著作権法は、著作者に、複製、翻案、配布、公演、展示および作品の帰属と完全性を明確に排他的な権利として保障している。作品には、文献、写真、音楽、ソフトウェア、フィルム、ビデオが含まれる。著作権法の侵害は、正当な権限なしに著作権のある資料を複製すること（商業的ソフトウェア、テキスト、画像、音響および映像記録など）、著作権のある資料をコンピュータネットワークやその他の手段で配布することを含む（ただし、それに限定されない）。
- 連邦優先通信不正行為防止法：連邦の法律は、州間の通信システム（電話、通信線、ラジオ、テレビ中継機）を他の違法な仕組みに接続したり、不正に利用したりすることを禁じている。
- 連邦コンピュータ不正行為および乱用防止法：連邦の法律は、正当な権限なく国防、銀行、財政的情報を含んでいるコンピュータにアクセスしたり、その情報に変更を加えたりすることを禁じている。
- 連邦およびペンシルバニア州の児童ポルノ法：連邦およびペンシルバニア州の法律は、性的な行為に関連した未成年者の画像（コンピュータグラフィックスを含む）の製作、所持および配布を禁じている。そのような情報を記録したコンピュータは、証拠として差し押さえられる可能性がある。
- ペンシルバニア州コンピュータ犯罪法：ペンシルバニア州の法律は、どんなコンピュータシステム、ネットワークに対しても、組織をかく乱したり悪事を働く意図をもって利用したりすることを禁じている。これには、意図的な正当権限のないコンピュータパスワード公開を含んでいる。
- ピラミッド型チェインメール：合衆国郵便を使って通貨または何か価値あるものの送付を求めるチェインメールを送ることは連邦郵便宝くじ法の侵害となる。金品を合衆国郵便により送ることを求めた場合、電子的通信により勧誘すること自体が違法となる。
- 中傷：中傷メッセージの対象とされその結果損害をこうむったことを明確に示すことができれば、誰でも民事上の救済を求めることができる。真実こそ中傷攻撃に対する防御である。
- プライバシー侵害に関する慣習法：プライバシーを侵害された人は、いくつかのレベルで民事上の救済を求めることができる。
- 私的事項の暴露：個人に関する事項の広範な公表は、たとえそれが真実であっても訴訟で有害と判断される場合がある。
- 間違った見方：誤って他の人の評判を傷つけるような打撃的なやり方で、人の

見方を作ったり性格づけたりすることがある。
- 不当な侵入：法律は通常、合理的に考えて通常侵入されないと期待できる個人的生活の範囲を保護している。

関連情報源
- 「情報セキュリティおよびプライバシー」
- 「コンピュータおよびネットワーク運用方針および法律」

意見および質問は
この問題に関する当局者：次席副学長、ISC担当まで
URL:http://www.upenn.edu/computing/policy/

ホリークロス大学（マサチューセッツ州ウースター）

　ホリークロスは、小さな教養カレッジであるが、Web 上の発表、電子メールの使用、システムセキュリティを扱った利用運用方針を作成した。この運用方針は、様々な苦情およびアピール手続きを用意しており、また、まれに見るほどの完全な著作権保護の記述を含んでいる。

ホリークロス大学（College of the Holy Cross）
インターネット企画運用方針（草案）

〈目次〉
- この文書の目的
- 内部利用と外部からの利用
- CWIS上の情報発信
- 編集方針
- 責任
- 支援
- 免責
- 改正
- 苦情あるいは運用方針の違反
- 異議申立て手続き
- 情報発信時の必須情報
- 電子メールおよび他のコミュニケーション上の権限
- パスワード
- プライバシーの問題
- 著作権および画像の使用
- ウィルスの予防
- 不適切なあるいは適切な情報
- ネチケットガイドライン

この文書の目的

　この文書は、キャンパス情報システム（Campus Wide Information System：CWIS）の運用方針を記述するものである。CWISは、教育の目的や大学の活動に関

する大学の情報の電子的利用を改善するために、また、大学に集う人々がいま現れつつある技術を探索する助けとなるために、そしてインターネットへの使いやすいゲイトウェイを提供するために、構築された。CWISは、キャンパスに集う人々にとっても利用可能である。また、限定された範囲でキャンパスから離れたインターネットユーザも利用することができる。CWISへの権限は、「大学コンピュータ利用方針」に同意した人に与えられる。

内部利用と外部からの利用

大学のCWISは、利用者に大学コミュニティの内部および外部から情報を利用することを認める。ただし、情報によっては、内部利用のみに制限される場合がある。外部からの利用のためにCWIS上に置かれた情報は大学の対外的な表現となるため、内部利用のみの場合よりも多くの基準を満たす必要がある。外部からの利用を目的とした情報発信は、大学の運用方針の一貫性を確保するために大学による評価の対象になる。

CWIS上の情報発信

すべての認定された大学機関は、CWIS上にホームページを作成することが認められまた奨励される。学部、事務局および学生グループは、Web上の情報充実のため必要な資源の利用を要求することができる。

キャンパスネットワーク上の個人のホームページはすべて、ここで定義する大学運用方針および編集運用方針の対象である。現在のところ、個人で大学のサーバにホームページを作るためのスペースを要求することができる。申込みは、http://www.holycross.edcu/departments/its/webapp.html まで。詳細は、「Web作成の手引き」「ホリークロスWeb作成に関するFAQ」を参照のこと。

編集方針

「学生ハンドブック」、学生コンピュータ利用、情報技術サービス利用、「キャンパス内のいやがらせ、安全、セキュリティ報告」その他の大学の運用方針に記載されている大学の運用方針に違反する情報発信は禁止する。

大学のページは、大学Webサイトに一貫した印象を与えるため、標準のヘッダーおよびフッターを使用する。また、著作権の表示とページ著者へのmailtoリンクが付け加えられたものを標準雛型とする。標準雛型は、大学のページを作成する標準枠組みを提供し、またこちらがより重要な目的であるが、一貫した誘導ツール、バックグラウンドの色、文書構造により、サイトを利用しやすくするという効果がある。

学部および事務局は、Webページを作るにあたり大学の標準雛型を構造的なまた
デザイン上の基礎として使用しなければならない。標準雛型は大学名を含み、また、
大学との公的な関係を暗示している。したがって、大学は、いかなる団体および個
人に対してもそのヘッダーおよびフッターのイメージを含め使用を拒否する権限を
もっている。標準雛型のヘッダーおよびフッターは、ページ所有者の電子メールア
ドレスの変更、著作権発生年および最終修正日の変更を除き修正してはならない。

責任

　大学のページは、他のすべてのWebページ同様、インターネット上のリンクを提
供する。しかし、大学外のページの内容について（その品性や適法性を含め）大学
ではコントロールできないということを、利用する者は知っておかねばならない。
　大学は、キャンパスネットワーク上の情報発信者に、自分の発信内容に対する全
面的編集責任を負うことを期待する。CWIS上のWebページは、連邦著作権法およ
び適用される公の表現に関連するすべての法律を遵守しなければならない。
　すべてのページには、そのページの発信に責任ある個人あるいは複数の個人の電
子メールアドレスが記載されていなけれならない。Webサイトの運営には、継続し
た新しいページの作成および既存のページの更新を含んでいる。またCWISからの
ページリンクは、それらのページの維持および更新の義務を含む。維持されないある
いは見直されないページはWeb作成チームによりシステムから除かれる場合がある。

支援

　大学は、Web作成チームの指示のもとに作られたすべてのページを支援する。た
だし資源的限界にぶつかった場合、CWIS上の独立的な情報発信への支援は制限さ
れる。詳細は「Web作成の手引き」「ホリークロスWeb作成に関するFAQ」を参照
するか、Webマスターに問い合わせること。

免責

　大学は、個人のホームページに責任をもたないし、そこに掲載されている情報の
信頼性にも責任をもたない。個人ホームページの作者は、たとえ発信している情報
の出所が大学のサーバであったとしても、ホームページの内容およびそれらの仕組
みに対して責任をもたねばならない。

改正

　CWIS運用方針評議会は、この運用方針および手続きを変更する権利を有する。

この文書についての意見および提案は、Webコーディネーターに提出すること。

苦情あるいは運用方針の違反

大学は、大学CWISを通じて不適切な情報を提供している個人ホームページの作者に対しCWIS利用を拒否することができる。

CWIS上の情報内容に対する苦情は、「Webコーディネーター」に提出すること。Webコーディネーターが、問題の原因者あるいは運用方針の違反者にその旨通知する。

大学は、サーバやネットワークパフォーマンスに悪影響を与えるページの利用を停止する権限を有する。そのような場合、CWIS管理者は、停止する措置の前に、そのページに責任をもつ者にその旨を通知するよう合理的な努力をするものとする。

異議申立て

CWISの利用を停止された者は、正式判断を求めて上申することができる。

情報発信時の必須情報

大学のCWIS上のページは、次の情報を含んでいなければならない。
- 作成者の名前および電子メールアドレス
- 文書の著者（作成者と異なる場合）
- 文書の維持管理者（作成者と異なる場合）
- ページのタイトルおよび記述
- 資料の最新修正日
- 資料の有効期限（それがあてはまる場合）
- 資料およびリンクに関し知りえた問題

電子メールおよび他のコミュニケーション上の権限

電子メールは、すばやい便利なコミュニケーション方法である。メーリングリストによって簡単に多くの受信者に電子メールを送ることができる。しかしながら、多くの人々にメッセージを送ることができるというこの能力は、システムの正しくない使用にも傾斜しがちである。電子メールについての一般的なルールは、**電子メールは、特定の他の利用者に対して使用すべきであり、相当多数の人数のグループに対する一斉連絡に使用すべきでない**ということである。

たとえば、電子メールを一群の人々（20人かそれ以上）との双方向的な協議に使用すること、あるいは、ある案内を広く読まれている「掲示板」機能（Network

Newsや行事などの）に送るために電子メールを使うことは適当である一方、直接多くの人々（たとえばクラス全体など）に一斉連絡の手段として電子メールを使用するのは適当でない。これは、受信者の名前をいちいち書き込もうがメーリングリストを使おうが同様である。**いかなる場合でも、大学共同体の多人数の一部分への一般的な連絡に電子メールシステムを使用すべきではない。**

これらの指針は、エチケットという面にのみ基づいているわけではない。**メールシステムの処理能力は有限だということである。**利用者が多くの受信者に通知を送ればメールサーバは過負荷になり、ディスクは溢れ、職員の復旧措置が必要となるかもしれない。結局のところ利用者に提供されるサービスの質に悪い影響を与えるのである。

最後に、電子的チェインレターの急増が特にメールシステムおよびネットワークに有害である。チェインレターは貴重なコンピュータ資源の無駄遣いであり、わざといやがらせをしていると思われる場合がある。

チェインレターを生成あるいは転送した場合、大学の懲戒手続きの対象となる。チェインレターの生成あるいは転送は、厳格に禁止する。

パスワード

他人にユーザ名（インターネット上の世界では、この名前で知られることになる）を教えるのは自由であるが、アカウントのパスワードを他人に知られてはならない。信頼している友人やコンピュータシステム管理者（情報技術サービス職員など）に対しても同様である。

他人にパスワードを教えることは、金額欄が未記入の小切手あるいはクレジットカードを他人に渡すのと同様である。そのようなことは、一時的にアカウントを貸すことを含めしてはならない。他人のパスワードを知っているものは、いつでもその人のアカウントを使うことができる。システムに影響を与えることをしても、それはそのアカウントの所有者の名前で行われることになる。**もしユーザ名あるいはアカウントが悪用あるいは不適当な方法で使用されたとしても、利用者は、その責任をとらねばならない。**

すべての学生、教員、キャンパス内の職員は、請求することにより自分自身のアカウントを得ることができる。他の利用者に自分が作ったファイルの読み書きを許可したい場合でも、パスワードを教えるなどということをしないでもそれを可能とする方法がある。どんな理由があっても自分のパスワードを他人に教えてはならない。

自分のアカウントのセキュリティがどのように守られているか、どんなパスワードを選んだらよいか、どうやってパスワードの変更をするか、パスワードを知らせ

ずに情報を共有する方法などを知りたい場合は、Fenwick B-22,x-3548の「ヘルプデスク」に連絡すること。

プライバシーの問題

　電子的コミュニケーションプライバシー法（18 USC 2510 et seq., as amended）およびその他の合衆国法は、電信および電子的コミュニケーション利用者のプライバシーを保護している。

　システム内外からの不正利用から情報を守るメカニズムは、非常に弱いものである。個人のプライバシーを守ると同様に資源を共有することが重要な大きな共同体では、これらのメカニズムだけでプライバシーを守ることはできない。したがって、利用者は、自分自身や他人のプライバシーを尊重するようにシステムを利用することによって、このメカニズムを補完しなければならない。すべての利用者は、そのつもりがなくとも他のユーザのプライバシーを侵害する行為をしてしまわないよう注意しなければならない。

　特に気をつけなければならないことは次のような事項である。

- 明確な許可なく他人のファイルやディレクトリにアクセスしようとしてはならない。
- 明確に自分に向けられたのでないネットワーク上のコミュニケーションを傍受したり監視したりしてはならない。ログイン、電子メール、利用者どうしの会話、明確に自分に向けられたのでない他のあらゆるトラフィックを含む。
- いかにしてプライバシーをコンピュータシステム内で守るかという手立てを講じることなしに、システムに、通常自由に流通していない個人情報（たとえば、成績、住所等）を蓄積してはならない。
- 本人の許可なしに個人情報を公開してはならない。記述および数値データ（経歴や電話番号等）を含み、個人を表現したもの（画像、ビデオクリップ、サウンドバイトなど）も同様である。例えば、本人の許可なしにWorld Wide Webページに写真を載せるのは適当でない。（その情報あるいは写真の出所によっては、著作権の問題も生じる。）
- 密かに利用者の情報を集める共有ソフトを作ってはならない。つまり、その本人の同意なしに個人の情報を集めてはならない。

著作権および画像の使用

　すべてのネットワーク上の情報発信者は、著作権を管理する合衆国法を十分認識しなければならない。著作権法および他の法律の侵害は、それがどんな侵害であろ

うともっぱらページ作成者の責任である。印刷資料に適用される著作権法は同様にオンラインによる情報発信にも適用されると考える方が安全である。

　大学が著作権法上の権利を有している画像あるいは電子的利用を許可しているものだけ、CWIS上にコピーすることができる。作成者は、あらかじめ大学の許可を得ることなしに大学の出版物から、あるいはあらかじめ著作権者の許可を得ることなしに出版物から、画像を取り込み使用してはならない。

　多くのコンピュータ・プログラムおよび関連の文書等は、個々の利用者あるいは第三者が所有権をもつものであり、著作権法その他の法律、および使用許可、契約文書により保護されている。これらの法的および契約上の義務を遵守しなければならない。そうしない場合、民事上および刑事上の訴追を受ける可能性がある。

　著作権関連の制限は、次のようなものを含む（ただし、これに限定されない）。
- プログラムあるいはデータの複製
- プログラムあるいはデータの再販売
- プログラムあるいはデータの再配布あるいは再配布機能を提供すること
- 教育目的外でプログラムあるいはデータを利用すること
- 財政的な収入を得るためにプログラムあるいはデータを利用すること
- 利用許可された個人集団やグループの一員でないのにプログラムやデータを使用すること
- 所有者の許可なしにプログラムに関する情報（例えばソースコードなど）を公表すること

　上記の禁止事項はコンピュータソフトウェアに焦点を当てているが、著作権法は、CWIS上のすべての情報に適用される。例えば、どんな形態のものであれ他人の所有する資料から、所有者の許可なしにコピーするのは適切ではない（漫画、写真、記事、詩、雑誌から取り込んだ画像など）。免責あるいは権利放棄が明確に書かれていない限り、どんな資料にも著作権があると認識すべきである。（これは、特にWorld Wide Web上で真実である。他のWebページ上の情報を載せたい場合は、それにリンク付けすべきであり、それを複製してはならない。場合によっては、リンク付けという行為自身もプログラムあるいはデータの違法な配布を可能とするという点で、著作権あるいは使用許可違反となる場合がある。不確かな場合、ページの所有者に問い合わせること。）

ウィルスの予防

　掲示板やシェアウェア出力サイト等から入手したソフトウェアは、重要なデータが記録されているコンピュータ上で使ってはならない。"コンピュータウィルス"に

よる感染の危険がありそうもない場合でも、そのコンピュータの操作により重要な情報が書き換えられてしまう可能性あるいは危険性がある。

不適切なあるいは適切な情報
　次の情報は、大学CWIS上に搭載してはならない。
・ 大学の使命に不適切な、私的な財政利得を得る目的でCWISを利用すること
・ 大学コンピュータ利用運用方針を侵害する情報
・ 私的あるいは秘密の情報（許可を得ていない人名録、学生記録や住所など）
・ CWISを個人やグループに対する脅迫や嫌がらせに使用すること
・ CWISをわいせつなあるいは脅迫的メッセージを表明するために使うこと
・ CWISを違法な活動を行うために使うこと

　次のような資料は、CWIS上の表現にふさわしいと思われるものである。
・ 運用方針を述べた文書、報告、手続き
・ コース授業の説明および日程
・ 教育用資料
・ コンピュータベースのチュートリアル
・ コンピュータおよびライブラリ資源
・ キャンパス暦および行事
・ 学部および学生組織情報
・ 利用できるサービスや資源の案内

　上記の運用方針に関する情報は、許可を受けたうえでBowdon CollegeおよびWPIの資料から採用した。

情報技術委員会へ提出済み

The Crossway
By ITS Staff
質問および意見は　Webmaster@holycross.edu　まで
著作権　©1996ホリークロス大学
最終修正日　1996年9月3日

ホリークロス大学の好意により転載

アルパイン学区（ユタ州アメリカン・フォーク）

　この運用方針は、学区におけるインターネットおよびWAN上の情報資源の利用について簡潔に述べた宣言である。この運用方針の注目すべき点は、フィルタソフトを使用していることを述べ、しかしインターネットの利用にはさらに注意を払うよう勧めていること、また生徒は監督なしでインターネットを利用することはできないこと、である。さらにアルパイン学区は、インターネット利用について保護者の許可を求めている。

アルパイン学区（Alpine School District）

規則　第5225号
（参照）運用方針　第5225号
生徒に関する規程

1.0　インターネットおよび広域ネットワーク（WAN）の利用
　1.1　学区WANおよびインターネット（以下、あわせて「インターネット」という）の利用はすべて、公教育ならびに教育的研究に資するためのものでなければならない。
　　1.1.1　違法にまたは不適切な目的でインターネットを利用すること、公立学校の環境を乱すような資料にアクセスすること、およびこれらの活動を支援することは、禁止する。下品な言葉を使うことも禁止する。
　　　1.1.1.1　「違法」とは、地方、州および連邦の法に違反することをいう。「学校の環境を乱す」とは、教材ならびに教科書の採用に関するユタ州教育委員会の規則および運用方針でそのように規定された資料をいう。
　　　1.1.1.2　人の名誉毀損や中傷のためにインターネットを使用してはならない。
　　1.1.2　学区で提供されるインターネットサービスは、個人の私的な利用を意図したものではない。

1.2 公立学校の生徒による利用は、「保護者による許可」が文書で提出された場合に認められ、学校の職員により適切な監督下に置かれる。生徒は監督なしでインターネットを利用することはできない。

1.3 保護者または法的後見人からの個別の文書による許可なしに、生徒のフルネームあるいは写真がインターネット上に公開され個人が特定されることがあってはならない。加えて、GRAMA*およびFERPA**によってカバーされる個人情報——住所や電話番号など——は、保護者の個別の文書による許可なしに、インターネット上で公表してはならない。

1.4 アルパイン学区は、インターネット用PCにフィルタソフトを使用する。当学区はフィルタソフトを使用したインターネット用PCを提供するが、インターネットを通じてアクセスできるサイトには、違法な、人を中傷する、不正確または人によっては不快な資料が含まれている場合がある。利用者は、インターネットサイトを選択し閲覧するにあたり、適切な判断を下さねばならない。

1.5 アルパイン学区は、ネットワーク利用ならびに公教育ユーザアカウント発行に、最終的な権限をもつ。

    1.5.1 初等学校の児童は、学校で個人の電子メールアカウントを持たないものとする。

    1.5.2 学校の推薦および保護者の許可の上で、中等学校の生徒は個人の電子メールアカウントを持つことができる。

1.6 意図的にあるいは承知の上で利用規則に違反した生徒に対し、適切な懲戒処分を行うものとする。

---

  * Utah Code – Title 63 – Chapter 02 – Government Records Access and Management Act.
 ** Family Educational Rights and Privacy Acts of 1974.

アルパイン学区

書式　第5225号
(参照) 運用方針第5225号

生徒用

アルパイン学区
インターネット利用許可申請書

生徒記入欄
名前：＿＿＿＿＿＿＿＿＿＿＿＿＿＿＿　学年：＿＿＿＿＿＿＿＿＿＿＿＿＿＿＿
社会保障番号：＿＿＿＿＿＿＿＿＿＿＿＿＿
学校名：＿＿＿＿＿＿＿＿＿＿＿＿＿＿＿＿＿＿＿＿＿
インターネット使用の目的：＿＿＿＿＿＿＿＿＿＿＿＿＿＿＿＿＿＿＿＿＿

　私は、アルパイン学区のインターネット利用に関する運用方針、規則（第5225号）を読み、その定めるところに従うことに同意する。私は、運用方針ならびに規則に述べられている規定に違反した場合、ネットワーク利用権利の停止あるいは取消しおよび懲戒処分を招く可能性があることを理解している。

生徒のサイン：＿＿＿＿＿＿＿＿＿＿＿＿＿　日付：＿＿＿＿＿＿＿＿＿＿＿＿＿＿＿

保護者または後見人記入欄（必須）
　私は、アルパイン学区のインターネット利用に関する運用方針、規則（第5225号）を読了した。私は、アルパイン学区のネットワーク管理者が、論争を招くおそれのある資料がアクセスされないよう合理的な範囲で予防手段をとることを了解する。しかし一方、私は、人によって不快であるかもしれない資料の一部は依然として利用可能であることを理解しており、私の保護下にある生徒とそのような資料の適切な利用については話し合い済みである。これにより私は子どもに、適切な監督の下で学校においてインターネットサービスを利用する許可を与える。

保護者のサイン：＿＿＿＿＿＿＿＿＿＿＿＿＿　日付：＿＿＿＿＿＿＿＿＿＿＿＿＿

住所：＿＿＿＿＿＿＿＿＿＿＿＿＿＿＿＿＿電話番号：＿＿＿＿＿＿＿＿＿＿

承認者：＿＿＿＿＿＿＿＿＿＿＿＿＿＿＿＿

（学校管理者）

コミュニティ・ハイスクール（ミシガン州アナーバー）

この高校は、インターネットにおける行動規範の再確認、利用および禁止行為の宣言、Web ページ作成のガイドラインという、最も基本的な要素をカバーした運用方針を策定している。

コミュニティ・ハイスクール　インターネット運用方針宣言

A. 使命
B. 権利と責任
C. 行動規範
D. アカウント取得
E. 利用に関するガイドライン
F. 内容に関するガイドライン
G. 同意書および権利放棄書

使命

コミュニティ・ハイスクールにおけるインターネット利用の取組みは、個人間のコミュニケーション、学生の情報利用、研究、教師の研修、共同研究および成功した教育実例・方法・資料の配信を通じて、学習と教育を改善することを使命とする。

権利と責任

コミュニティ・ハイスクールは、全米科学財団（National Science Foundation, NSF）およびミシガン大学ディジタル図書館（University of Michigan Digital Library Initiative, UMDL）を通じてインターネットに接続する。これにより、民主主義社会の知的探究に不可欠な、地域的、全国的、および国際的な情報源や共同作業にアクセスできるようになる。その対価としてすべてのディジタル図書館利用者は、我々のコミュニティ内およびインターネット上の他の全利用者を尊重し、その権利を守る責任を負う。すなわち、アカウント所持者は責任ある倫理的で法にかなったやり方で、コミュニティ・ハイスクール・インターネット行動規範、インタ

ーネット上で使用する他のネットワークの使命と目的、州法ならびに連邦法に沿った行動をとることが期待されている。

コミュニティ・ハイスクール・インターネット行動規範

インターネット行動規範は、本校のCHSネットワークの全利用者に適用される。行動規範は以下の通りである。

「私は、あらゆる状況において誠実かつ高潔にふるまうこと、他の人々の権利を尊重すること、他の人々が同様にふるまうよう援助すること、にむけて努力する。私は他の人々およびコミュニティの役に立つよう意識して努力する。私は『コミュニティ・ハイスクール・インターネット運用方針宣言』に書かれているアクセス、利用、情報内容に関する規則に従うことに同意する」。

アカウント取得

UMDLが提供するインターネットアカウントは、以下に示す対象者に年度ごとに提供される。
1. コミュニティ・ハイスクール基礎科学コースの全生徒、その親または保護者。
2. コースの生徒のために働くすべての教育関係者。授業担当の教員、支援職員、管理者、講師、音楽スタッフ、専門家、助言者。
3. 特別の目的で限られた期間、コミュニティ・ハイスクールと協同して働くことになった他の教育機関の教育関係者および生徒。

利用に関するガイドライン

インターネットアカウント保持者は、そのアカウントを用いて行う自らの行動や活動に責任を負う。不正な利用を行った場合は、利用資格が停止または取り消される。不正な利用とは次のようなものである。
1. 違法な活動のためにネットワークを利用すること。著作権やその他の規約を侵害することを含む。
2. 経済的または商業的利益のためにネットワークを利用すること。
3. 装置、ソフトウェア、システムの性能を低下させたり麻痺させたりすること。
4. 他の利用者のデータを破壊すること。
5. 限りある資源を無駄遣いすること。

6. 正当な権限なしに情報資源や機器類にアクセスすること。
7. 個人のプライバシーを侵害すること。
8. 他人のアカウントを使用すること。
9. 書いた人の同意を得ずに、個人的なメッセージを書き込むこと。
10. 匿名のメッセージを書き込むこと。
11. 冒涜的な、わいせつな、または他人をおとしめるようなファイルやメッセージを、ダウンロード、保存、または印刷すること。
12. 以下に示す「情報内容に関するガイドライン」を侵害すること。

内容に関するガイドライン

　生徒はインターネット上にホームページを制作することができる。ネットワーク管理者は、それらのページを監視し内容基準に沿っていることを確認する。生徒が制作するページの内容には、次のような制限がある。

1. 学生に関する個人情報は禁止する。自宅の電話番号や住所、ならびに学生がある時間にどこにいるかを特定できるような情報を含む。
2. 生徒が制作したものは、生徒のフルネームの署名を付さなければならない。
3. 写真、動画、音声記録に登場する個人は、イニシャルのみによって特定すること（例：John Q. Public は JQPのように）。ファーストネームおよびラストネームは、いかなる画像、動画、音声記録の中でも絶対に示されてはならない。
4. テキスト、画像、音声情報には、ポルノグラフィ、冒涜的な言葉、わいせつ、他人を攻撃したりおとしめたりするような内容が含まれてはならない。

コミュニティ・ハイスクールインターネット同意書および権利放棄書

　同意書の書式はミシガン大学CAENネットワークアクセス申込書に則り、UMDLプロジェクトでの使用に合わせて若干の修正を加えたものである。UMDL利用規程ならびにアカウント申込書に署名することによって、申込者および親または後見人は、運用方針に示された制限に従うことに同意することになる。生徒ならびに親または後見人は、これらの権利と責任について話し合わなければならない。最終的には、未成年者の親または保護者が、子どもまたは被後見人が従うべき基準を設定し伝える責任を負う。つまりコミュニティ・ハイスクールは、インターネット利用を申し込むかについて各家庭の判断を支持し尊重する。
　UMDLは、コミュニティ・ハイスクールの教育上の責務および使命を支援すべく

開発されつつある実験的システムである。提供されている具体的な環境およびサービスは、時に応じて変化する可能性がある。コミュニティ・ハイスクールは、インターネットのサービスや内容に関していかなる保証もしない。さらに、申込者ならびにその親または後見人は、コミュニティ・ハイスクールがインターネット上の情報についていかなるコントロールもしないこと、アカウント保持者が可能な全範囲の情報にアクセスすることに関し防壁を設けられないことを認識しなければならない。インターネットを通じてアクセスできるサイトには、違法なもの、人を中傷するもの、不正確なもの、人によっては不快なものが含まれている可能性がある。同様に、コミュニティ・ハイスクールは電子メールのプライバシーを守ろうとするが、アカウント利用者はそれが保証されたものと考えるべきではない。

　コミュニティ・ハイスクールは、インターネットにアクセスする方が、情報の面や共同作業の機会という意味で教員や生徒にとって利益が不利益を上回ると信じている。我々は、皆さんや皆さんの生徒がインターネット上で我々の仲間になることを期待する。

訳者あとがき

　インターネットが調べものに不可欠な手段となって久しい。我々は、WWWブラウザと検索エンジンによって、ほとんどどんな主題についても、瞬時に関連の情報が掲載されたWebページを検索し表示することができる。そこには様々な、未だ活字や他のメディアにのっていない多様な情報が含まれており、しかもきわめて容易に利用できるのである。インターネットが普及して、実際には、まだ数年にしかならないのだが、以前はいったいどうしていたのだろうと思うことすらある。もちろん、その内容の信頼性については、誰も保証できないわけだが…。
　インターネットとは、いうまでもなく1970年代に生まれたコンピュータ・ネットワークである。センター機能を持たず、参加したコンピュータがそれぞれ定められた手順（TCP/IP）に基づきデータを送受信することにより情報通信が行われるという分散性に、その最大の特徴がある。当初、もっぱら研究者間のコミュニケーションに使用されていたが、1990年代になって民間企業にも開放され、多くの企業が廉価でインターネット接続サービスを提供するようになった。それ以来、急激に、まさに爆発的といっても過言でないスピードで利用者は増加している。
　インターネット上に情報を発信することは、コスト的にも技術的にも比較的容易であるため、多くの研究機関、企業、個人が研究成果や記録、個人の見解ほか様々な情報をインターネットに発信するようになった。様々な人や組織がそれぞれ関心を持つ情報、取り組んでいる事柄に関する情報を発信している。従来のプリントメディアでは社会的に発信できなかったような少数相手の情報、あるいは社会的にオーソライズされていない情報もネットワーク上に自由に発信できるのである。そして受け手の側もその情報をネットワークに接続したPCで簡単に利用することができる。この情報発信と利用の容易さは、インターネットを一種の巨大な百科事典のようなものに仕立て上げた。特殊なテーマであっても、インターネットを検索して見ると、ほとんどの場合、何か出てくる。人々に情報を提供する機関である図書館も、当然のこととしてこの新しいメディアを業務に取り入れ使い始めることになった。

アメリカ合衆国においては、1990年代の半ばからインターネット用PCを図書館内に設置し利用者に提供する公共図書館が急激に増加し、2000年に入る頃にはほとんどの図書館が様々なインターネット利用を人々に提供するようになった。
　しかし、インターネットは、よいところばかりのメディアではなかった。本書「はじめに」にあるように、「インターネットに接続した図書館はどこでもこのメディアが他のものとは異なっていることに気づいた」のである。
　発信が容易であるがための無数の怪しげな情報が、インターネット上にはあふれている。特に性的な情報の多いことは、たちまち問題になった。また、インターネット用PCは、インターネット上の情報を見るだけでなく様々な用途に使いうる。電子メールの送受信やその他の方法での情報のやりとりも可能である。また適切な防御策と利用者の規律がなければシステムをかく乱することも、場合によっては犯罪を実行することも可能なのである。
　このことから、図書館のインターネット利用、利用者へのインターネット用PCの提供は、様々な問題を引き起こすことになる。特に、インターネット上の性的な情報、時には違法なわいせつ情報の存在とそれへのアクセスを阻止することを意図したフィルタソフトの導入は、訴訟を含む激烈な議論の対象となった。利用者、行政当局者、議員、図書館員の間で様々な対立が生じ、図書館管理者は、その対処に莫大なエネルギーを費やすことになったのである。
　新しい技術やシステムを取り入れることにあまり迅速でない日本の図書館でも、インターネットの利用、情報源としてインターネットを利用者に提供するサービスは始まっている。2001年10月に行われた全国公共図書館協議会の実態調査によると、インターネットに接続しているPCを有する図書館（自治体単位）は、1660自治体中1226自治体、73.9%である。うち、利用者のインターネット用PCを設置しているところは、432自治体、26.0%となっている。ただし、その90%は提供台数1台のみとなっており、インターネットの提供サービスは、始まってはいるもののまだその端緒に過ぎない。
　大学図書館においては、すでに利用者にインターネット用PCを提供することは一般的になっている。『日本の図書館：統計と名簿』2001年度版によると、四年制大学図書館1166館中インターネット接続済みは976館83%である。利用者にインターネット用PCを提供しているか

訳者あとがき

どうかの直接のデータは無いが、外部データベースの検索を721館 (61.8%) が提供、また875館 (75.0%) が自館ホームページを立ち上げていることから、インターネットに接続している図書館の大部分はインターネット上の情報を利用者が活用できるように環境を整えていると思われる。

しかしながら、日本では、今のところアメリカで巻き起こったような激烈な議論がおきてはいないようだ。その理由は、まず、日本では図書館におけるインターネット利用の提供が、社会の中でまだ一般的になっていないことであろう。特に公共図書館においては、インターネット用PCを設置しているところはまだ少数であり、設置PC数も極めて少ない。図書館に行けばインターネットを利用できると思っている人はまだごく少数である。

しかし、それ以上に大きなアメリカ合衆国との違いは、社会の中での図書館の位置付けである。特に公共図書館は、言論の自由や民主主義のための不可欠な機関として人々に認識されているかという点で彼我の違いがあるといわざるを得ない。残念なことだが、日本の図書館は、その存在が社会的にあまり問題にされていないのだ。

だが、だからといってインターネットを巡る様々な問題、インターネットを利用者に提供することに伴う様々な問題を、日本の図書館では検討しなくてもいいというわけではないだろう。まだ社会的な議論になってないとしても、日本でも同様の問題は存在するのであり、今後起こりうるのである。

本書は、1999年にアメリカ合衆国で出版されたMark Smith著 *Internet Policy Handbook for Libraries* の翻訳である。本文は全訳であるが付録の一部は省略した。著者のMark Smithは、本書執筆当時は、テキサス州図書館協会のネットワーク部門管理者であったが、現在は、カリフォルニア州リバーサイドカウンティ図書館システムの図書館システムおよびサービス地域マネージャーを務めている。図書館のインターネット利用にかかわる問題に通じており、本書のあと、図書館のインターネット利用に関する各論点を取り上げた *Managing the Internet Controversy* (Neal-Shuman Publishers, Inc. 2001) も編纂している。

本書は、図書館がインターネット用PCを設置し、利用者にインター

---

* 「2001年度公立図書館における電子図書館のサービスと課題に関する実態調査報告書」全国公共図書館協議会, 2002.3

ネット利用を提供する場合、どのようなことに留意し、どのような項目について運用方針をたてるべきかを述べたものである。インターネット利用に関連して、図書館は何を決めておかねばならないのか、それぞれの問題に対し図書館が判断をくだす際、考慮しなければならない要素は何か、が本書では明らかにされている。それぞれの問題に対する直接の解答はない。それは、あくまでもそれぞれの図書館の置かれた状況によって異なり、それぞれの図書館が決めなければならない問題だからである。

　これから利用者用のインターネット用PCを置こうとしている図書館は、その際、ぜひ本書で提起されている諸問題にどう対処するか考えてほしい。また、既にインターネット用PCを提供している図書館も、これらの問題についてどうすべきか考え、それらの事項を明示した運用方針を文書化することをお勧めしたい。この作業は、個々の問題に対する対応を決めるだけでなく、それを通じて図書館の機能、サービス対象のコミュニティの中でどのような役割を果たすべきかを考えることにもなろう。あらためてそのような問題を考えるきっかけになることも期待したい。

　翻訳した私たち（竹内、清水、吉間、森、戸田）は、数年前からネットワークに関する原書を読む学習グループのメンバーである。アメリカで出版されてしばらくたった2000年に本書を入手し、ぜひ図書館の現場の人々に紹介したいと考え、翻訳を始めた。内容からいって早期の刊行が望ましいことは重々承知していたが、能力不足から遅々として進まず、この時期になってしまったことはお詫びしたい。

　刊行にあたって東京大学大学院教育研究科教授根本彰先生に監訳をお願いした。お忙しい中、丁寧に点検していただき、きわめて重要な点を含め修正をしていただいたことに深く感謝する。

　　　　　　　　　　　　　翻訳グループを代表して　戸田あきら

著者・訳者紹介

著　者：カリフォルニア州リバーサイド・カウンティ図書館システムのシステムおよびサービス地域マネージャー。本書執筆時は、テキサス州図書館協会ネットワーク管理者としてテキサス州内の図書館のポリシー作成にかかわっていた。またテキサス州図書館・文書館委員会の全般的管理者としてテキサス州内公共図書館のインターネット導入・推進に従事した経歴もある。

監訳者：根本　　彰　東京大学教育学部卒業、同大学院博士課程単位取得退学、図書館情報大学助教授、東京大学大学院教育学研究科助教授を経て、
　　　　　　　　　　現在　東京大学大学院教育学研究科教授

訳　者：戸田あきら　東京都立大学経済学部卒業、世田谷区立図書館、同区役所勤務を経て、
　　　　　　　　　　現在　文教大学付属図書館勤務

　　　　清水　悦子　図書館情報大学図書館情報学部卒業
　　　　　　　　　　現在　国立国会図書館勤務

　　　　竹内ひとみ　明治大学文学部卒業、シラキュース大学図書館情報学部卒業
　　　　　　　　　　現在　国立国会図書館勤務

　　　　森　　智彦　早稲田大学政治経済学部卒業、東京大学社会科学研究所図書室に勤務後、同大学教育科学研究科修士課程修了
　　　　　　　　　　現在　東横学園女子短期大学教授

　　　　吉間　仁子　図書館情報大学図書館情報学部卒業
　　　　　　　　　　現在　国立国会図書館勤務

索 引

数字

50+ Great Sites on the Internet
　→ インターネット上の優良サイト50プラス

700+ Great Sites for Kids
　→ 子ども向け優良サイト700プラス

A–Z

A practical guide to Internet filters
　→『インターネット・フィルタの実践的ガイド』

Burt, David　　19, 107, 116

Chicago manual of style
　→『シカゴ大学スタイル・マニュアル』

Child Safety on the Information Highway
　→『情報ハイウェイにおける子どもの安全』

Crane, Nancy B.　　157

Cyber Patrol　　112, 115

EDUCAUSE　　19, 150

Electronic styles : a handbook for citing electronic information
　→『電子的スタイル：電子情報引用ハンドブック』

Filtering Facts
　→「フィルタリングの事実」

Fortres　　38, 70

ftp　　68

HotMail　　67

HTML　　152, 153, 154, 160

HTTP　　16

Internet Kids Yellow Page
　→ インターネット子どもページ

Kimmel, Stacey　　19

Kuntz, Jerry　　113

Li, Xia　　157

Librarians guide to cyberspace
　→「図書館員によるサイバースペースガイド」

MLA handbook
　→『MLAハンドブック』

『MLAハンドブック』　　157

National Center for Missing and Exploited Children
　→ 遺棄または搾取された児童のための全国センター

Net Nanny　　112

NuevaNet　　32

PICS　　113, 115

Planning and role setting for public libraries : a manual of options and procedures
　→『公共図書館の計画と役割設定』

Planning for results : a public library transformation process
　→『結果を生むための計画：公共図書館が変化するプロセス』

Platform for Internet Contents Selection
　→ PICS

索引

Polly, Jean Armor　　*137*

RealAudio　　*71*

Safety Net for the Internet
　→ インターネットのための安全ネット

Schneider, Karen G.　　*8, 104, 113, 116*

Stoner, Michael　　*151*

telnet　　*14, 16, 68*

The Internet Filter Assessment Project
　→ TIFAP

TIFAP　　*115*

Unixプロンプト　　*68*

Web policies that work
　→ 「Web運用方針、その働き」

「Web運用方針、その働き」　　*151*

X-Stop　　*114*

Yahoo Mail　　*67*

Youth Wired　　*149*

あ ─────────────

アップロード　　*38, 71-72*

アメリカ市民自由連合　　*106*

アメリカ図書館協会　　*25, 53, 103, 105-106, 119, 122, 125, 137, 138*
　児童図書館協会　　*119*
　知的自由に関する委員会　　*53*

アルパイン学区　　*202-205*

アン・アランドル・カウンティ公共図書館
　　　　78

アンガー記念図書館　　*138*

遺棄または搾取された児童のための全国センター　　*118*

インターネット・サービス・プロバイダ
　　　　90

『インターネット・フィルタの実践的ガイド』　　*8, 104, 116*

インターネット・フィルタ評価プロジェクト
　→ TIFAP

インターネット運用方針
　Webページに関する運用方針
　　　　13, 149-168
　アーカイブ　　*19, 107, 150*
　改定　　*16, 169-171*
　ガイド付き利用　　*118-119, 133-148*
　機器の配置　　*35-42, 116-117*
　許容される利用　　*59-81*
　禁止事項　　*83-101*
　子どもによる利用　　*13, 51-57*
　娯楽的な利用　　*24, 27*
　周知　　*18-19*
　選書　　*28-29, 108-109*
　図書館としての価値観　　*25-33*
　内容に基づく制限　　*62-63, 86-89*
　フィルタリング　　*103-131*
　利用条件　　*42-57*

「インターネット子どもページ」　　*138*

インターネットコンテンツ選択のためのプラットフォーム
　→ PICS

インターネット上の優良サイト50プラス
　　　　138

インターネットのための安全ネット
　　　　118, 138

インターネットプロバイダ　　*30, 66, 135*

ヴァレー・インフォメーション・アライアンス　　*41*

ウィコミコ・カウンティ図書館
　　　　121, 128-129

217

ウィノナ第861学区　*161-165*

ウィルス　*71-74*

ウェストウォーリック公共図書館　*62*

運用方針
　アクセスに関する　*43*
　課金に関する　*15*
　健全な利用に関する　*7*
　コレクション形成に関する
　　11, 15, 26, 28-29, 108-109
　作成プロセス　*11-20*
　集会室利用に関する　*56*
　情報アクセスに関する　*26*
　読書の自由に関する　*15*
　フィルタリングに関する
　　16, 103-131, 135, 169

エヴァンストン公共図書館　*52*

エラ・エリア公共図書館　*25*

オースティン公共図書館　*40*

オハイオ州立図書館　*19*

親機関　*14, 16, 21, 60, 76, 84, 111*

親の同意　*36, 43, 51-57, 108, 119, 127*

オンラインショッピング　*63, 90*

か ─────────────

カード　*18, 37, 42-46, 56, 92, 119*

カーネギー・スタウト公共図書館　*174*

ガイダンス　*26, 134, 135, 137-144*

学校図書館　*13, 16, 19, 21, 26, 30, 31-32,
　　36, 43, 51, 54-55, 60, 61, 63, 67,
　　68, 90, 93, 95, 120-121, 135, 149, 150*

館種　*13, 60, 135*

カンツ，ジェリー
　→ Kuntz, Jerry

キメル，ステイシー
　→ Kimmel, Stacey

キャンヨン公共図書館　*60*

クイーンズバラ公共図書館　*23*

グランドプレーリー公共図書館　*52*

クレーン，ナンシー・B
　→ Crane, Nancy B.

クリスチャン・コオリション　*125*

『結果を生むための計画：公共図書館が変化するプロセス』　*22*

憲法修正第1条　*9, 14, 25, 62, 86, 103,
　　105, 107, 110, 111, 124, 157, 158*

コートランド大学　*50*

『公共図書館の計画と役割設定』　*22*

子ども向け優良サイト700プラス
　　119, 138

コミュニティ・ハイスクール
　　97-98, 206-209

さ ─────────────

サン・アントニオ公共図書館　*149*

サンディエゴ公共図書館　*138, 147-148*

シーダーフォールズ公共図書館　*73*

『シカゴ大学スタイル・マニュアル』
　　157

児童室　*26, 36, 94, 111, 116*

自動終了ソフトウェア　*37*

使命　*21-25*

ジャービス公共図書館　*182-184*

シャーロット・メッケンバーグ・カウンティ公共図書館　*52*

ジューノー公共図書館　*143*

シュナイダー，カレン
　→ Schneider, Karen G.

「情報ハイウェイにおける子どもの安全」
　　　　　118, 137

シンシナティ市ハミルトン・カウンティ図書館　*93, 96-97*

ストーナー，マイケル
　→ Stoner, Michael

スポーケン公共図書館　*22, 141, 175-177*

青少年保護法　*63*

性的に露出度の高い資料　*7, 41, 87-89, 94, 103-131, 150*

セキュリティ　*35, 36, 39, 41, 49, 68, 70, 83, 84, 87, 90-92, 94, 95*

セクシャルハラスメント　*89, 90, 116, 124*

セネカ応用美術技術大学　*165-168*

全米家族協会　*114*

た

ダートマス大学　*43, 50*

大学図書館　*13, 16, 19, 21, 30, 31-32, 36, 43, 44, 48-51, 60, 63, 67, 68, 90, 93, 94, 135, 149*

ダウンロード　*28, 38, 67, 70-72, 74, 75, 85, 87, 150*

多様性　*23*

ダラス公共図書館　*140*

ダンベリー公共図書館　*24*

索引

知的自由　*23, 103*

チャットルーム　*27, 63-65, 69, 75, 86, 93*

著作権侵害　*74, 84-85, 150, 159*

著作権法　*74, 84-85, 95*

通信品位法　*62, 106*

テイラー公共図書館　*41*

テキサス大学　*49*

デンヴァー公共図書館　*75, 76*

「電子情報・サービス・ネットワークへのアクセス：図書館の権利宣言解説文」
　　　　　105-106

『電子的スタイル：電子情報引用ハンドブック』　*157*

電子メール　*28, 48, 63, 66-67, 75, 86, 87*
　アカウント　*66-67, 86*
　ジャンクメール　*67*
　無料のアカウント　*67*

匿名性　*85-86*

図書館委員会　*14, 15, 25, 33, 43, 60, 104, 108, 109, 111, 116, 124, 169, 171*

「図書館員によるサイバースペースガイド」
　　　　　138

「図書館におけるフィルタソフト使用に関する宣言」　*105-106*

『図書館の権利宣言』　*25, 31, 53, 105-106, 109, 119*

トレーニング　*39, 137, 139-144*

な

ナッサウ・コミュニティ・カレッジ大学
　　　　　75, 77

219

ニューヨーク公共図書館
       118, 138, 144-147

ヌエバ校 32

ネットサーフィン 27, 61, 68, 140

ノーウッド独立学区 55

は

バークレー公共図書館 12, 121, 136

バート，ディビッド
 → Burt, David

ハードウェア 35, 139

ハードドライブ 70, 71, 74

パスワード 37, 38, 43, 48, 70, 91, 104, 113

ハッカー 50, 91

ピーチトゥリー市図書館 74

ヒューストン公共図書館
       122, 130, 178-181

ファイアウォール 91

フィルタソフト 39, 103-131, 169

フィルタリング 7, 13, 17, 23, 25, 103-131, 133, 135, 139

「フィルタリングの事実」 107, 116

フォートスミス公共図書館 24

不実表示 64-65, 85-86, 94

プライバシー 37, 42, 48, 90-92, 94

プライバシースクリーン
       39-40, 117, 121, 126

プライバシーデスク 40

ブラウン大学 76, 79-81, 158

プラグイン 71-72, 170

プリンタ 35, 38, 84

プリントアウト 35, 38, 94

ブルーミングデール公共図書館 57, 73

プロキシサーバ 91

ブロッキングソフト 120, 121

フロッピーディスク 38, 70, 72-74, 75

プロテクションソフトウェア 38

プロトコルブロッカー 69

フロリダ・アトランティック大学
       143-144, 155

ベリンガム公共図書館 24, 45, 46-48

ペンシルバニア大学
       31, 95, 98-100, 185-193

ポートイザベル公共図書館 52-53

ボストン公共図書館 129-130

ポリー，ジーン・アーモール
 → Polly, Jean Armor

ホリークロス大学 194-201

ボルチモア・カウンティ図書館 137

ま

マグネット・スクール 26

マニュアル 7, 17-18, 21, 24, 45, 75, 110, 118, 136, 140, 157

マンスキー図書館 45

メカニカルロック 38

メディナ・カウンティ地区図書館　*143*

申込用紙　　*8, 46, 92*

モニタ　*35*
　埋め込み型　*40, 117-118*
　向き　*41-42*

モンロー・カウンティ図書館システム
　　　　　　　　　　　　140

や

有害資料　*63, 86, 87-88, 124*

ユロフスキー対アレン事件　*89*

予約　*26, 36-38, 45-48, 83, 142*

ら

ライス大学　*19*

ラウドン郡　*107, 120*

ラスベガス-クラーク・カウンティ図書館
　　　　　　　　　　　　127

ラスベガス公共図書館　*118*

ラマポ・キャッツキル図書館システム
　　　　　　　　　　　　113

リー，キア
　→ Li, Xia

リーハイ大学　*19*

リオ・グランデ・ヴァレー図書館システム
　　　　　　　　　　　　142-143

リノ対アメリカ市民自由連合　*106-107*

利用教育　*26, 28, 30-31, 134, 135, 136-137,*
　　　　　139, 140

レイク・オスウェゴ公共図書館　*19, 107*

ローレンス公共図書館　*46, 72*

ロサンゼルス統合学区　*54*

ロッキングソフト　*38*

わ

わいせつ防止法　*108, 110, 111*

221

インターネット・ポリシー・ハンドブック
図書館で利用者に提供するとき考えるべきこと

2003年4月25日　初版第1刷発行Ⓒ

定価：本体2000円（税別）

著者 ■ マーク・スミス

監訳 ■ 根本彰
翻訳 ■ 戸田あきら
　　　清水悦子
　　　竹内ひとみ
　　　森智彦
　　　吉間仁子

発行 ■ (社)日本図書館協会
　　　〒104-0033　東京都中央区新川1-11-14
　　　Tel 03-3523-0811

製作 ■ (株)パンオフィス

JLA200304　　　　　　　　　　　　Printed in Japan

ISBN4-8204-0300-1

本文用紙は中性紙を使用しています。